Collection en poésie folio junior

dirigée par
Jean-Olivier Héron
et Pierre Marchand

présenté par
Michel Contat

Arthur
Rimbaud
un poète

Gallimard

ARTHUR RIMBAUD, UN POÈTE

Rimbaud, *le* poète, serait-on tenté de dire. Et même, le dernier poète. Après lui, il y a eu, il y a encore des gens qui écrivent de la poésie ; parmi eux, il y en a beaucoup qui se contentent de récrire celle de Rimbaud. Mais où sont les poètes qui, à son instar, ont vécu la poésie comme une expérience destinée à changer les conditions mêmes de notre existence terrestre ? *« La vraie vie est absente »,* a-t-il écrit. Tout son effort a consisté à s'en approcher, à nous en approcher à travers ses mots et ses images, à susciter en nous la nostalgie, mieux l'exigence de la vraie vie. Il a échoué, évidemment : elle est toujours absente, elle se dérobe à chaque fois que nous croyons l'atteindre. Mais il a réussi, aussi : elle est en nous, grâce à lui, comme un manque, un appel, qui nous fait avancer. Il nous a communiqué non pas son désespoir, mais son désir. C'est cela, sûrement, qui fait peur aux âmes rabougries, à ceux qu'il appelait les « assis ».

Quand j'étais jeune professeur, je regardais mes élèves et je me demandais sous lequel de ces fronts sages, pensifs ou butés, allait se réveiller l'étincelle de Rimbaud, « le voleur de feu ». Je ne leur ai jamais parlé de lui, la classe ne me paraissait pas le lieu où ce feu devait prendre. On n'enseigne pas la révolte, cette exigence du *tout*. On la vit, ou on ne la vit pas. Il n'y a pas si longtemps, j'ai vu Rimbaud, des Rimbaud par milliers, sur les barricades du Quartier Latin. Ils étaient aussi en Californie, en Tchécoslovaquie, partout où l'ordre tremblait sur ses bases. Aujourd'hui, ces Rimbaud-là se sont assis ou sont devenus, comme lui, d'*« horribles travailleurs ».* D'autres, sans doute, s'apprêtent à se lever, qui aspirent à l'infini. Il suffit d'un seul pour que la planète ne dorme pas tout à fait. Et Rimbaud lui-même reste debout dans ses poèmes, ce sont eux qu'il faut lire.

Ils ne sont pas faciles, on doit les mériter. S'ouvrir innocemment aux images qu'ils allument, au choc parfois brutal qu'ils

ARTHUR RIMBAUD, UN POÈTE

font subir aux mots pour donner naissance à cette musique tout à fait inouïe. Pour moi, elle ressemble au jazz. Vous dirai-je ma conviction que Rimbaud, lorsqu'il n'écrivit plus (et pourquoi la poésie serait-elle forcément une profession ?), a inventé le jazz en tapant obstinément sur un mauvais piano — et qu'il devait sonner comme Cecil Taylor ? Personne ne l'écoutait. Le jazz est allé naître chez les nègres américains, que Rimbaud aurait aimés, comme il aurait aimé les poètes beatniks, nourris de jazz. D'ailleurs, savez-vous, il était nègre, et forçat, voyou aussi et un peu saint, un peu martyr, pas du tout comédien, mais très caméléon, il changeait de couleur à chaque poème. Il voyait ce qu'on n'a jamais vu, et il le faisait voir.

Prière pour le bon usage de Rimbaud : lisez-le, ne cherchez pas toujours à tout comprendre. Est-ce qu'on comprend la musique, les couleurs, les odeurs ? Comment faut-il entendre ces poèmes ? *« Littéralement, et dans tous les sens »,* aurait-il répondu à quelqu'un qui l'interrogeait. Parfois, vous aurez le sentiment qu'il dit n'importe quoi, comme un enfant musicien qui rythme au hasard des accords sur un clavier, sans savoir l'harmonie. Par la suite, vous découvrirez qu'on peut trouver dans les plus chaotiques, les plus obscurs de ses vers une philosophie. Elle y est, mais elle n'est pas première : ces poèmes n'ont pas besoin d'être traduits en idées, car Rimbaud n'a pas traduit en images des idées qui les auraient précédées. Il a écrit ce qui lui venait à l'esprit en regardant vivement autour de lui et en lui. Laissez ces poèmes travailler en vous par le simple et mystérieux pouvoir des mots : ce qu'ils veulent dire, vous le saurez de l'intérieur, vous le vivrez comme un appétit nouveau, une envie de vivre très forte et peut-être très douloureuse.

Pour cet ouvrage, une initiation à Rimbaud — comme on initie à un mystère en le faisant partager —, il a fallu choisir : l'œu-

ARTHUR RIMBAUD, UN POÈTE

vre n'est pas immense, mais elle n'aurait pu tenir ici tout entière. J'ai choisi les poèmes que j'ai le plus aimés quand j'avais l'âge auquel Rimbaud les a écrits, pas toujours les plus aisés – mais les plus connus y sont –, ceux aussi qui donnent une idée de l'extraordinaire variété d'inspiration qui caractérise Rimbaud poète. Jeunes gens, voici votre frère génial, jeune éternellement. *« On n'est pas sérieux, quand on a dix-sept ans »,* écrivait-il. Il aurait pu ajouter ce qu'a dit de ses vingt ans l'un de ceux qui ont revécu sa révolte : « Je ne laisserai personne dire que c'est le plus bel âge de la vie. »

MICHEL CONTAT

Arthur Rimbaud : sa vie

«Un passant considérable»

Rimbaud en 1872, vu par Verlaine.

On n'a jamais connu Rimbaud heureux. Sa vie, comme celle de beaucoup de poètes, raconte une histoire d'amour manqué, de solitude, d'errance et de mort. Elle n'a duré guère plus de trente-sept ans, moins que l'âge de son père lorsqu'il lui donna le jour, ce père qui lui a fait défaut. La poésie ne l'a occupé que durant cinq ans, de sa seizième année à sa vingt-et-unième. Après quoi, il s'est « opéré vivant de la poésie » (Mallarmé) et n'a plus nourri que mépris pour la littérature et les littérateurs. Il est devenu vagabond, puis travailleur migrant, enfin honnête négociant retranché dans le désert, en Orient. Il est mort, amputé d'une jambe, dans d'indicibles souffrances.

Voilà un destin bien noir, bien lourd, un beau gâchis, comme on les aime pour y faire rétrospectivement briller la lumière, souffler la grâce. Scruté par les biographes, qui n'ont pu en éclaircir tous les mystères, ce sombre désastre n'a pas manqué de susciter des légendes et des mythes. La sœur de Rimbaud s'est pieusement employée, aidée de son mari, premier des biographes, à révéler dans cette suite d'échecs le martyre d'un saint en quête de Dieu, qu'il a fini par trouver sur son lit d'agonie. Paul Claudel, poète catholique et diplomate de carrière, dut sa conversion à la lecture de Rimbaud. À l'inverse — ou bien de la même façon ? —, des générations de révoltés ont fait de lui le héraut de leurs refus et les militants ont changé en slogan la plus haute exigence de sa poésie : *« changer la vie »*, mot d'ordre qui, aujourd'hui, fleurit la bouche de nos ministres et gouverne nos vies. Le jeune poète maudit, n'en doutons pas, aurait ricané.

Voyons-la, cette vie, ou du moins ce que nous en savons — et ce que l'on peut en deviner, puisque nous voudrions aimer cet homme dont nous aimons les poèmes.

Rimbaud aux longs cheveux, croquis de Delahaye.

L'enfance sage

L'amour qui a manqué à Arthur Rimbaud, c'est celui de sa mère. Non pas qu'elle fût vraiment une mauvaise femme, méchante et dure, *« aussi inflexible que soixante-treize administrations à casquettes de plomb »,* comme son fils la décrira un jour, et comme on se la représente à sa suite. Elle était une femme malheureuse qui ne s'avouait pas son chagrin — et le malheur dénié rend rigide et glacé : une femme crispée, autoritaire, refusant le plaisir, éprise de la mort, éprise d'un mort, son propre père, le seul homme, probablement, qu'elle ait aimé. Nous ignorons si elle était belle, cette Vitalie Cuif, fille de cultivateurs, née à Roche (Ardennes) : aucune image d'elle ne nous est parvenue. Elle avait vingt-huit ans lorsqu'elle épousa — c'était tard pour l'époque —, en 1853, un bel officier du 47e régiment d'infanterie en garnison à Mézières, qui se trouve tout à côté de Charleville où elle vivait avec son père. Elle avait fait la connaissance du capitaine Frédéric Rimbaud « à la musique », c'est-à-dire autour du kiosque où se donnaient les concerts militaires. Né à Dole (Jura), engagé à dix-huit ans, il avait gagné ses galons en Algérie : il y avait combattu, puis servi comme officier des Bureaux arabes. La passion de ce militaire semble avoir été d'écrire. Les quelques rapports de lui conservés dans les archives de l'armée sont remarquables par leur clarté et l'élégance du style.

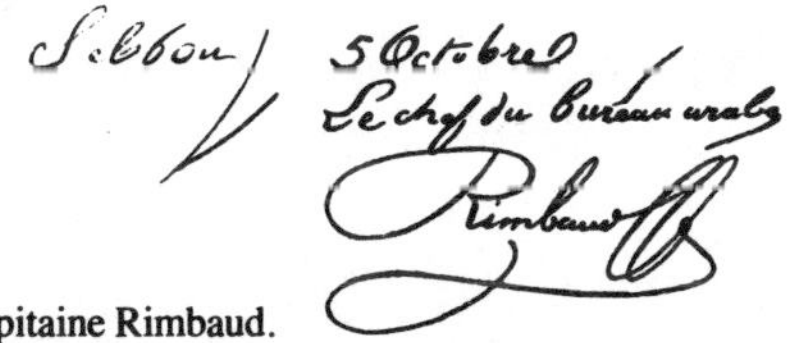

Signature du Capitaine Rimbaud.

Le mariage n'est pas plus tôt conclu que l'officier doit suivre son régiment à Lyon, puis dans différentes garnisons, tandis que Mme Rimbaud reste à Charleville. Ainsi les époux semblent n'avoir jamais vécu sous le même toit et ne s'être rencontrés qu'à la faveur de permissions, régulièrement suivies, neuf mois plus tard, d'une naissance. Un premier fils, Frédéric, naît en 1853. Arthur naît le 20 octobre 1854. En 1857 ce sera le tour

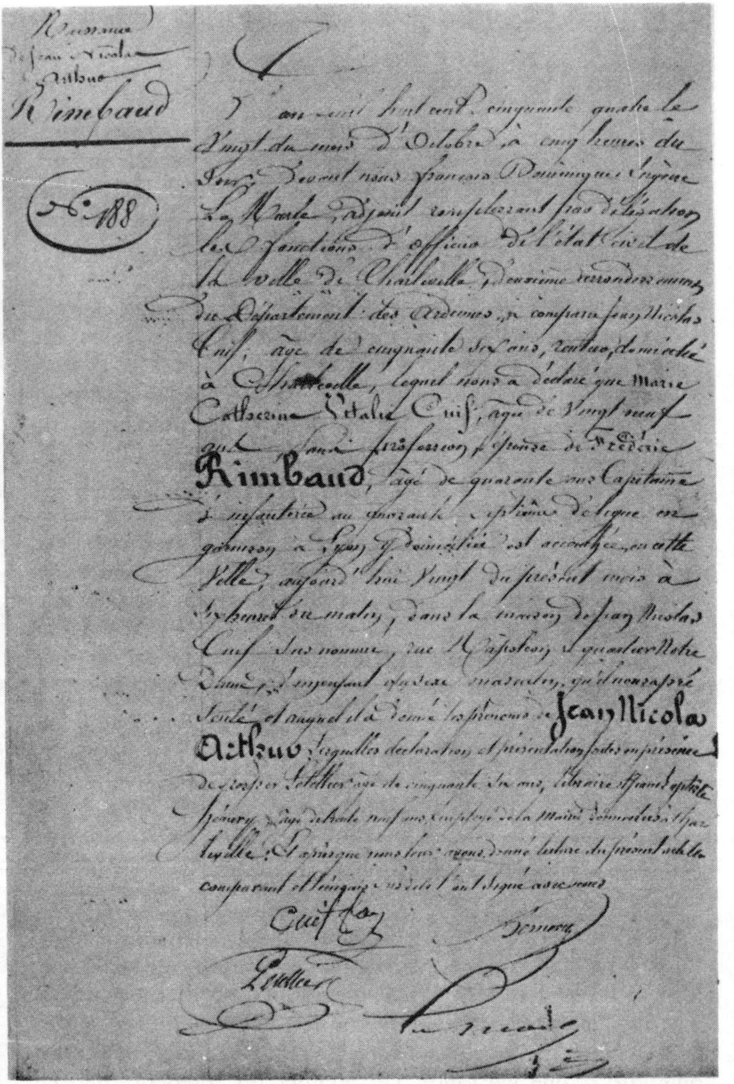

Naissance de Jean Nicolas Arthur Rimbaud

N° 188

L'an mil huit cent cinquante quatre le vingt du mois d'Octobre à cinq heures du soir, devant nous François Dominique Eugène Lamarle, adjoint remplaçant par délégation les fonctions d'officier de l'état civil de la ville de Charleville, deuxième arrondissement du Département des Ardennes, a comparu Jean Nicolas Cuif, âgé de cinquante six ans, rentier, domicilié à Charleville, lequel nous a déclaré que Marie Catherine Vitalie Cuif, âgée de vingt neuf ans, sans profession, épouse de Frédéric Rimbaud, âgé de quarante ans, capitaine d'infanterie au quarante septième de ligne en garnison à Lyon, domiciliée et accouchée en cette ville, aujourd'hui vingt du présent mois à six heures du matin, dans la maison de Jean Nicolas Cuif sus nommé, rue Napoléon, quartier Notre Dame, d'un enfant du sexe masculin qu'il nous a présenté et auquel il a donné les prénoms de Jean Nicolas Arthur, lesquelles déclaration et présentation faites en présence de Joseph Letellier, âgé de cinquante six ans, libraire, et Jean Baptiste Hémery, âgé de trente neuf ans, employé de la Mairie, domiciliés à Charleville. Et après que lecture du présent acte a été faite aux comparant et témoins, ils l'ont signé avec nous.

Cuif Lenz

Hémery

Letellier

Lamarle

Acte de naissance d'Arthur Rimbaud.

Maison présumée de la famille Rimbaud, rue Bourbon.

d'une fille qui ne vit que trois mois. L'année d'après naît encore une fille, également prénommée Vitalie, qui mourra à dix-huit ans. La sœur cadette, Isabelle, voit le jour en 1860. Arthur a six ans ; il ne reverra plus son père, qui se retire à Dijon en 1864 et mourra en 1878. Qu'on s'imagine les rêveries qu'un petit garçon a pu nourrir sur ce géniteur à éclipses et qui finit par disparaître complètement : son souvenir même est banni, rayé, effacé par la mère abandonnée qui se considère désormais comme une veuve. Un aveu qui lui a échappé vers la fin de sa vie — elle mourra octogénaire — laisse supposer que cette femme bardée de principes garda au cœur et au corps la brûlure d'un regret permanent. Installée avec ses quatre enfants, d'abord dans un modeste appartement, puis dans une maison confortable de Charleville, elle leur donne l'éducation la plus stricte, comme pour affirmer en face du monde, par la parfaite tenue de ses rejetons, sa vertu, sa mortelle vertu d'épouse désertée, et accuser ainsi l'époux et père indigne qu'elle a charge de remplacer. Selon un témoin, elle montrait « un orgueil démesuré. Catholique intransigeante, elle était d'un rigorisme farouche ».

Arthur a passionnément aimé cette mère qui ne savait lui témoigner son amour que perverti par le sens du devoir et des convenances. Il l'a aussi passionnément haïe, sans jamais parvenir à se détacher d'elle, même lorsqu'il la fuira au désert en tentant de faire comme son père avait fait. Mais il a sans doute connu avec elle, dans ses premières années, une tendresse suffisante pour conserver une poignante nostalgie de l'enfance, paradis volé.

Rimbaud à dix ans, parmi les élèves de l'Institution Rossat.

À l'institution Rossat, puis au collège de Charleville, Arthur prend invariablement la tête de sa classe et rafle les prix. Le collège avait d'excellents professeurs, sévères et exigeants. Les pensionnaires du séminaire voisin y venaient, en soutane, apprendre le latin et le grec. Arthur, exercé par ses professeurs, était capable d'aligner les vers latins presque au courant de la plume. Mme Rimbaud ne veillait pas seulement à la propreté vestimentaire de ses fils (ils étaient objets de curiosité pour les habitants de Charleville à cause de leurs cols blancs, leurs vestons noirs de coupe désuète, leurs pantalons bleu ardoise qui se renouvelaient, toujours pareils, au fil des ans) ; elle surveillait aussi de près leurs études, sanctionnant sévèrement la moindre défaillance. À la maison, on lisait la Bible et les enfants jouaient entre eux, sans jouets. Ils n'avaient pas la permission d'inviter des camarades.

Mme Rimbaud ou Isabelle.

Ce régime austère jusqu'à l'aridité eut raison de Frédéric, l'aîné, qui se fixa rapidement dans son rôle de cancre dénué de toute ambition. Arthur, quant à lui, donnait tous les signes de la docilité ; il était sérieux, discipliné, travailleur, l'élève modèle : *« Tout le jour il suait d'obéissance... »* et son âme était *« livrée aux répugnances »*, écrira-t-il dans *Les Poètes de sept ans.*

La province

Éducateurs, prenez garde aux enfants sages : en eux bouillonne souvent la révolte qui jaillira d'autant plus impétueusement à l'adolescence que les contraintes ont pesé sur l'enfance. Le petit Rimbaud illustre parfaitement les dangers de la soumission. Écoutons son professeur, Georges Izambard, qui va compter beaucoup pour l'éclosion du poète : « Le Rimbaud que j'ai connu, c'est le "Petit Poucet rêveur", menu et timide... l'élève de rhétorique un peu guindé, sage et douceâtre, aux ongles propres, aux cahiers sans taches, aux devoirs étonnamment corrects, aux notes de classe idéalement scolaires, bref un de ces petits monstres exemplaires et impeccables, incarnant au superlatif le type de la bête à concours, de l'"assis de collège"... masque d'habitude et non d'hypocrisie, non voulu sans doute, mais que je lui vis toujours sur son banc de classe. » N'a-t-il pas, en seconde, l'honneur d'une publication de l'une de ses compositions latines dans le *Moniteur de l'enseignement secondaire ?*

Dessins trouvés dans un cahier de classe.

Notre élève modèle accumule les lectures, une vraie boulimie. Il passe des heures chez les libraires, à dévorer sur place les nouveautés de Paris, qu'il ne peut s'acheter. Ainsi, il ne manque aucune livraison du *Parnasse contemporain,* une revue de poésie qui lui fait découvrir les auteurs dont on ne parle pas en classe :

Théodore de Banville.

François Coppée.

Théophile Gautier, Théodore de Banville, José Maria de Heredia, François Coppée, Sully Prudhomme, Paul Verlaine. Comme tout poète en herbe, il veut égaler les plus grands poètes de son temps, et, pour cela, il commence par les imiter. Victor Hugo, bien sûr, comment l'éviter, lui qui domine de si haut ? Mais aussi ceux qui, justement, se lancent à l'assaut de cette éminence massive. Rimbaud n'a pas seize ans qu'il envoie à la *Revue pour tous* un long poème dans le goût de François Coppée, *Les Étrennes des orphelins,* qui paraît en janvier 1870. Et il part ensuite à la conquête du *Parnasse contemporain* en écrivant une lettre de brûlante supplication à Théodore de Banville, accompagnée de trois poèmes dont il espère la publication dans cette anthologie prestigieuse. L'échec ne le décourage pas : désormais les poèmes sortiront de sa plume comme les oiseaux s'envolent d'une cage ou les serpents coulent hors de leur nid.

Nous sommes en 1870. Rimbaud est élève de rhétorique (l'actuelle première). Il a un nouveau professeur, poète lui aussi, âgé de vingt-deux ans ; l'adolescent va chercher dans cet homme jeune un substitut du père. Izambard est un esprit indépendant, dynamique, volontiers moqueur, attaché aux idées républicaines. Pour lui, son seul lecteur, Rimbaud veut se surpasser. Il lui remet des poèmes, des devoirs supplémentaires, munis de l'inscription classique : *« Lege, quaeso »* (Lisez, je vous en prie). Izambard l'encourage autant qu'il le peut, lui donne gentiment des leçons particulières et des livres, parmi lesquels *Notre-Dame de Paris* et *Les Misérables,* ce qui provoque un incident avec la mère, la « mère Rimbe », « la bouche d'ombre », comme l'appelle son fils ; elle reproche vertement au jeune professeur de mettre entre les mains d'un adolescent les œuvres de « V. Hugot » *(sic)*. Voilà ce qu'il écrira plus tard de son élève : « Le Rimbaud intime que j'ai connu *parallèlement,* que j'ai vite appris à connaître quand il m'attendait à la sortie pour m'accompagner jusqu'à ma porte, c'est l'intellectuel vrai, tout vibrant de passion lyrique et si ingénument fier de se révéler tel, si heureux de trouver enfin à qui parler de vers et de poètes !... C'est l'enfant traité d'abord en camarade plus jeune et peu à peu en ami cher, dont j'ai reçu les premières confidences exacerbées par l'oppression familiale, les

Georges Izambard.

Photographie d'Arthur Rimbaud vers 1869-1870.

premiers aveux d'ambition littéraire impatiente et enfin les chaudes effusions de cœur que révèlent ses lettres et dont il s'est montré, comme on l'a remarqué, fort peu prodigue en d'autres temps. »

Juillet 1870 : à la fin de son année de rhétorique, Rimbaud remporte tous les prix de sa classe et la première place au Concours général. Le plus brillant avenir scolaire s'ouvre devant lui. Mais, le 18 juillet, la guerre éclate avec la Prusse. Cet événement fait basculer la vie du jeune prodige : jamais plus il ne retournera à l'école. Izambard retourne à Douai, où vit sa famille. Rimbaud se retrouve seul à Charleville, avec son camarade Delahaye, un brave cœur pas très futé, son seul compagnon de jeux. Restent les livres de la bibliothèque personnelle d'Izambard qui lui en a laissé le libre accès. Une fois lus, rien ne vient plus dissiper le pesant ennui de la province.

Les fugues

Il ricane sur le « patrouillotisme » de ses concitoyens. Mais, surtout, ce qui le rend *« dépaysé, malade, furieux, bête, renversé »*, c'est d'être sans nouvelles de Paris : les lignes sont coupées,

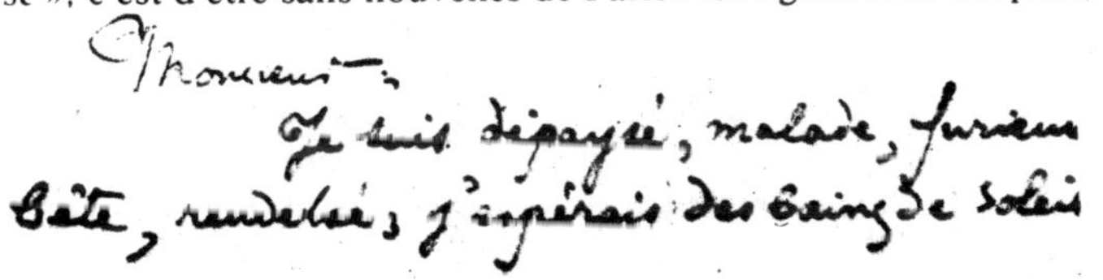
Monsieur,
Je suis dépaysé, malade, furieux
bête, renversé ; j'espérais des bains de soleil

Extrait d'une lettre de Rimbaud à G. Izambard (25 août 1870).

bientôt les trains risquent de ne plus circuler du tout. Rimbaud ne tient plus en place. Fin août, il fugue, sans argent, sans billet. Paris. À la gare du Nord, il ne passe pas le contrôle. Arrêté, il ne voit de la capitale que les rues désertes empruntées par le fourgon qui le mène au Dépôt puis à la prison de Mazas, boulevard Diderot. Aucun signe de la chute de l'Empire et de la proclamation de la République, qui se produit le 4 septembre. De sa cellule, le lendemain, il lance un pathétique S.O.S. à Izambard. Celui-ci se porte garant de lui, paie sa dette à la Compagnie des chemins de fer et, les communications étant coupées avec les

Ardennes, le fait venir chez lui, à Douai, où il est reçu comme l'enfant prodigue, dans une chaude atmosphère familiale. Rimbaud passe là une quinzaine de jours, jouant au secrétaire de son professeur, recopiant sur de grandes feuilles tous ses poèmes de l'année, pour Paul Demeny, un jeune poète rencontré chez Izambard.

La prison de Mazas, entrée principale.

La maison d'Izambard.

À son retour à Charleville, il est accueilli par une gifle de la « mère Rimbe ». Interdiction de revoir son professeur. Avec le bon Delahaye, sur qui il lui faut bien se rabattre, il parcourt les rues de la ville, complètement désœuvré, se mêlant à la foule nerveuse qui voit des espions partout. En octobre, seconde fugue, à pied. Bruxelles, cette fois (il y en aura beaucoup d'autres). Il s'y fait héberger par un ami d'Izambard. Puis Douai, où il s'installe d'autorité, en l'absence de son professeur, chez les gentilles sœurs de celui-ci. Il y a recopie sereinement les poèmes qu'il a écrits en route, comme *Ma Bohème,* pleins de fraîcheur et d'émotion. Tiens, oui, au fait, c'est à ce moment-là qu'il a été le plus près du bonheur. Mais l'ordre de Mme Rimbaud ne tarde pas, impératif : qu'il soit remis à la Police ! Izambard doit s'exécuter, la mort dans l'âme. Ils se serrent longuement les mains, sur le quai de la gare ; ils ne se reverront jamais plus.

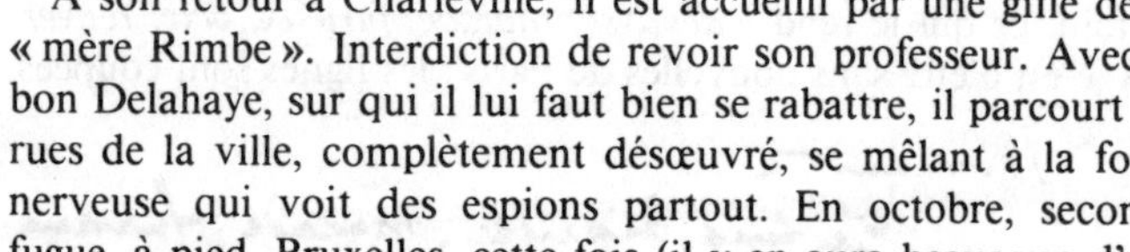

La révolte

Vient l'hiver, le froid à fendre pierre, la défaite. Mézières et Charleville sont occupés par les Prussiens dès les premiers jours de 1871. Le 25 février, Rimbaud vend sa montre et repart pour Paris. Il n'y reste pas longtemps, dépité de ne trouver aucun artiste et de n'entendre parler que de nourriture dans la capitale assiégée. Le 1er mars, les Prussiens défilent sur les Champs-Élysées. Rentré pédestrement dans les Ardennes, il déclare à Delahaye : « *Peuh ! Paris n'est plus qu'un estomac.* » Il se laisse pousser les cheveux jusqu'aux épaules, à l'imitation des Parnassiens et au mépris du scandale et des moqueries. Fini le temps de l'élève exemplaire, du jeune garçon bien propre et bien sage. En quelques mois, cette année-là, il gagne vingt centimètres, devient un grand escogriffe hirsute et bruyant : crise de croissance. Crise morale, aussi. L'absence d'Izambard, qui avait pu lui tenir lieu de père, de modèle à qui s'identifier, le laisse démuni, seul en face de la re-

Le nouveau Rimbaud, croquis de Delahaye.

Ernest Delahaye.

doutable « Mother ». Il est en état de révolte ouverte contre elle, contre les prêtres, la religion, toutes les institutions : « Merde à Dieu ! » inscrit-il sur les bancs publics au cours de ses promenades oisives, coupées de beuveries dans les estaminets où il « [s]*'encrapule le plus possible* », ainsi qu'il l'écrit, en fanfaronnant sans doute un peu, à Izambard qui le traitera de « petit serin » — d'où fâcherie.

Le 18 mars 1871, par Gaillard fils.

Le 18 mars, à Paris, le peuple prend les armes, hisse le drapeau rouge de la Révolution, proclame la Commune, tandis que le pouvoir bourgeois se réfugie à Versailles et compte sur l'ennemi pour mater l'insurrection. Rimbaud et Delahaye parcourent les faubourgs de Charleville en lançant triomphalement aux boutiquiers effondrés : « Ça y est ! L'ordre est vaincu ! Quatre-vingt-neuf continue ! » Peut-être, mais à Paris seulement. À Charleville on annonce la réouverture du collège, au grand soulagement de la mère. Il n'en faut pas plus pour braquer Rimbaud : « Travailler ? Jamais ! » lance-t-il. « Alors, c'est la porte ! » éructe la bouche d'ombre. Il envisage sérieusement de prendre le maquis, de se réfugier dans une grotte qu'il a repérée. En attendant, sa retraite habituelle est la Bibliothèque municipale, où il ne cesse de demander des ouvrages inhabituels — traités de sorcellerie, romans licencieux du XVIIIe siècle. Le jour où le bibliothécaire, excédé, le met à la porte, il se venge en écrivant *Les Assis* : il y fulmine contre les fossiles greffés à leurs sièges par des amours épileptiques. D'autres poèmes de la même époque claquent de la même façon, comme des rafales de colère. Décidé à devenir journaliste, il travaille quelques jours en tant que secrétaire de rédaction au *Progrès des Ardennes.* Puis il projette de se rendre à Paris, à pied, comptant se faire recruter par la Commune comme garde national à quinze sous par jour, bonne façon de mettre en œuvre son idéal révolutionnaire et de gagner son pain. Réussit-il à gagner Paris, au travers des lignes ennemies, comme il l'affirmera à Delahaye ? On n'en est pas certain. Quoi qu'il en soit, le 13 mai il est à Charleville, alors que les Versaillais entreprennent la sanglante reconquête de Paris. Un poème, *Le Cœur volé*, semble exprimer l'amère retombée de son élan : les révolutionnaires l'ont dégoûté de la révolution, il n'a été qu'un pitre parmi eux.

La Voyance

C'est une conversion spirituelle qu'il opère alors, une conversion à la Poésie. Il *croit* à la poésie, au pouvoir du poète, à une révolution bien plus radicale et profonde, celle que l'expérience poétique appelle et suscite. Dans deux lettres fameuses, l'une, courte, à Izambard, l'autre, plus développée, à Paul Demeny, il se dit « *en grève* » et expose superbement que le poète doit « *se faire voyant* », qu'il peut devenir un rédempteur, un héros de l'esprit, un messie des temps nouveaux, s'il parvient, par le moyen d'« *un long, immense et raisonné dérèglement de tous les sens* », à la vision d'un autre monde dans ce monde-ci. Ces idées, Rimbaud les a plus ou moins trouvées dans l'Illuminisme, dans la Cabale, dans l'occultisme (courants de pensée qui émergent à l'époque) ; mais il leur donne une expression flamboyante et neuve. Il assigne à la poésie la mission la plus haute : l'intuition d'un Absolu terrestre à communiquer à tous. Le poète devient ainsi le médium (« *Je* est un Autre ») d'une parole inconnue et universelle : il devient l'égal de Dieu, et même il le supplante. Mais il sait aussi le prix à payer : l'éclatement de la personne, la dissolution du moi dans le monde objectif, la folie, en somme, c'est-à-dire l'explosion de l'individu tel que l'a inventé le christianisme et qui n'est que « la geôle obscure où végète aujourd'hui la vie » (Yves Bonnefoy).

Paris, Verlaine

Par l'intermédiaire d'un brave commis anarchisant de Charleville qui avait connu Paul Verlaine en vacances, Rimbaud écrit à ce poète déjà célèbre, dont il avait admiré les *Poèmes saturniens* et les *Fêtes galantes*. Il lui envoie quelques-uns de ses propres poèmes, en le priant de le sortir de l'abîme, de le faire venir à Paris. Verlaine avait vingt-six ans, il était marié, vivait chez ses beaux-parents, des rentiers imperméables à l'Art ; il s'adonnait à la boisson, son ménage marchait mal. Il fut stupéfait et ébloui par le génie poétique qui éclatait dans ces textes d'un jeune inconnu. « Venez, chère grande âme, on vous appelle, on vous attend ! » répond-il à Rimbaud, en joignant à sa lettre un mandat pour le voyage.

De même que les compagnons artisans préparaient leur « chef-d'œuvre » pour passer maître, Rimbaud écrit *Le Bateau ivre* pour se présenter à Verlaine et aux amis de celui-ci. La veille de son départ, il en fait la lecture à Delahaye qui lui prédit un succès foudroyant. Mais Rimbaud est anxieux, il craint l'accueil des poètes parisiens. Timidité, gaucherie, surmontées par la provocation ? Il va tout faire pour se rendre désagréable et même, rapidement, assez odieux. Pourtant, le cénacle de poètes et d'artistes auquel appartient Verlaine est unanime à reconnaître le talent exceptionnel du jeune rustre provincial. Il participe à leurs dîners de « Vilains Bonshommes » – ainsi se désignaient-ils eux-mêmes, par dérision – et il participe à leur *Album zutique*. D'alors date l'admirable portrait réalisé par le photographe Car-

Invitation au dîner
des « Vilains Bonshommes ».

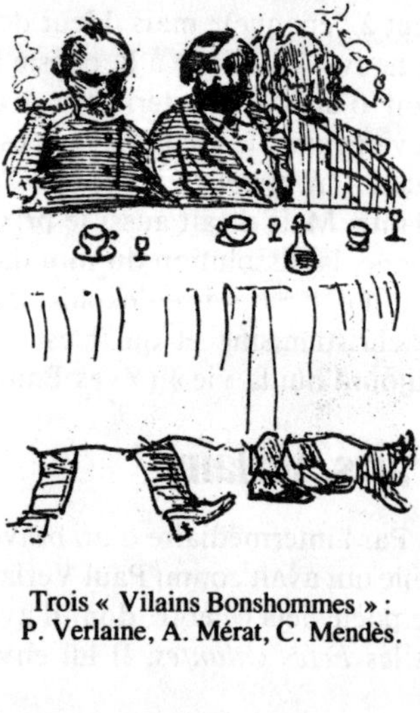

Trois « Vilains Bonshommes » :
P. Verlaine, A. Mérat, C. Mendès.

Arthur Rimbaud, photographie de Carjat.

Frontispice de l'« Album Zutique », par Antoine Cros.

jat et qui le montre comme un jeune archange boudeur aux yeux limpides. Verlaine le prend sous son aile ; ils ne se quittent plus, ce dont sa jeune épouse prend ombrage, d'autant plus que Verlaine multiplie les scènes d'ivresse, à quelques semaines de la naissance de leur premier enfant. Un entrefilet paraît dans un journal, rapportant qu'à une première à l'Odéon « le poète saturnien Paul Verlaine donnait le bras à une charmante personne, Mlle Rimbaut (*sic*) ». Voilà qui, d'emblée, ne laisse guère de doute sur la nature des relations entre le poète et son protégé. En fait, par tout son comportement, c'est l'aîné, Verlaine, qui, dans ce couple étrange, joue le rôle de la demoiselle tombée aux mains d'un butor enclin aux sautes d'humeur, « l'époux infernal » face à « la vierge folle » que Rimbaud décrira dans *Une saison en enfer* (mais qui sont aussi les deux aspects de sa propre personnalité).

Qu'est devenu Rimbaud, à dix-sept ans ? Un homosexuel se faisant entretenir par son amant marié ? Un voyou, un cynique, un grossier ? C'est ce que vous pouvez penser, si vous avez l'âme frileuse et le jugement sommaire ; c'est ce qu'ont pensé beaucoup des amis de Verlaine qui l'ont approché et peu connu. Si l'on se soucie plutôt de comprendre, on est amené à voir dans le Rimbaud ribaud du Quartier Latin — qui se saoule, se bat, inju-

Verlaine, dessin de Henri Cros
(album de Nina de Villard).

Verlaine, caricature
de l'album de Nina de Villard.

rie ses bienfaiteurs, se mêle aux clochards, choisit la misère comme une passion et fait peur aux familles, aujourd'hui encore, comme un punk ou un loubard avant la lettre – un adolescent en crise, épris de pureté et qui, ne sachant quel modèle se donner, retourne comme un gant celui qu'il a eu sous les yeux jusqu'ici : sa mère. Rimbaud débauché, mais aussi Rimbaud poète et provocateur au meilleur sens du terme (celui qui fait surgir chez les autres ce qu'ils taisent ou se cachent), c'est l'inverse exact de Mme Rimbaud, c'est-à-dire tout son portrait, mais en négatif. Il applique au dérèglement des sens, aux excès, aux délires, au vice la même énergie farouche, la même violence autopunitive que la mère a canalisées dans la vertu. Il s'efforce, en

Rimbaud, par Forain, « Qui s'y frotte s'y pique ».

somme, d'acquérir cette « sainteté » du « *forçat intraitable* » qu'il avait tant admirée. Tout porte à croire que la sensualité, c'est Verlaine qui l'a recherchée dans leurs relations : Rimbaud était trop tendu, trop *moral* pour s'abandonner au plaisir. Comme le note Y. Bonnefoy, « l'homosexualité demeure à ses yeux une passion négative, une privation, un échec. » À Charleville, il semble avoir été amoureux d'une ou deux jeunes filles, mais sa première expérience sexuelle il l'a probablement connue avec Verlaine. C'est peu dire qu'elle n'a pas été heureuse.

Rimbaud, par Verlaine.

Londres, Bruxelles, le drame

Pendant près de deux ans, ils vont pourtant former un couple, un couple infernal. Les relations de Verlaine avec sa femme deviennent de plus en plus violentes. Un soir, il manque l'étrangler. Elle le quitte. Il la supplie de lui pardonner. Oui, à condition que Rimbaud s'en aille, loin de Paris. Rimbaud rentre à Charleville. Verlaine et sa femme reprennent la vie commune.

Pas pour longtemps : Rimbaud revient, rappelé par Verlaine qui ne peut se passer de lui. Commence alors une série d'aller et retour entre Paris, Charleville, Bruxelles, Londres qui correspondent aux va-et-vient de Verlaine entre sa femme et son amant. C'est Verlaine qui, dans l'affaire, se montre véritablement pitoyable, infantile, inconséquent. C'est lui aussi qui paie, et ne cesse de se plaindre. On démêle mal les sentiments de Rimbaud pour lui. La pitié y entre, sans doute. Un long séjour qu'ils font ensemble à Londres, coupé de deux retours de Rimbaud chez sa mère, semble correspondre de sa part à une volonté charitable d'aider, peut-être d'aimer Verlaine, de « *le restituer à son état véritable de fils du soleil* ». Mais, entre eux, les scènes sont

Verlaine et Rimbaud à Londres, par Félix Régamey.

Le club des exilés de la Commune, à Londres.

continuelles. Ils vivent péniblement de leçons de français, fréquentent un milieu d'émigrés de la Commune, qui les tiennent plutôt à l'écart. Ils sont abominablement malheureux. Le 3 juillet 1873, après une querelle, Verlaine s'embarque pour Ostende, malgré les supplications de Rimbaud. Le 10, à Bruxelles, où Rimbaud l'a rejoint, Verlaine, devant sa mère venue à son secours, tire un coup de pistolet sur son ami qui veut le quitter définitivement. Blessure au poignet, sans gravité, on le panse à l'hôpital. Mais, le lendemain, sur le chemin de la gare, où Verlaine et sa mère accompagnent Rimbaud, celui-ci prend peur en voyant Verlaine, hors-de-lui, porter la main à la poche où il a gardé son pistolet, et il avise un gendarme. Ce qui n'avait été qu'une querelle d'amants devient, la justice s'en mêlant, un crime de sang doublé d'une affaire de mœurs. Verlaine est arrêté. Malgré le désistement de Rimbaud, il passe en procès et se voit condamné au maximum : deux ans de prison. Le gâchis est complet. Pour Rimbaud, tout au moins ; car, en prison, Verlaine retrouvera la foi de son enfance, ce qui le fera libérer plus tôt pour bonne conduite, et sa femme le reprendra quelque temps ; mais c'est une autre histoire... qui se noiera en partie dans l'absinthe.

Après le drame de Bruxelles, Rimbaud rentre chez sa mère, à Roche, où elle a repris l'exploitation de la ferme familiale. Informée des relations de son fils avec Verlaine, elle a refusé d'ouvrir les yeux sur la véritable nature de cette liaison mais s'est montrée étrangement compréhensive pour la victime (Verlaine évidemment, comme par solidarité de femme). Durant l'été, Rimbaud écrit — ou tout au moins termine, car il avait commencé le livre avant — *Une saison en enfer*, œuvre en prose, d'une nouveauté totale, sorte de confession et de bilan spirituel de ses années de dérèglement, de sa quête d'absolu, de sa tentative d'évasion hors du monde réel par le moyen de la poésie. Au terme de ce bilan, il condamne la poésie. « *Moi ! moi qui me suis dit mage ou ange, dispensé de toute morale, je suis rendu au sol, avec un devoir à chercher et la réalité rugueuse à étreindre ! Paysan !* » Il ajoute : « *Il faut être absolument moderne* » et dit son espérance de « *posséder la vérité dans une âme et un corps* ».

Le grenier de Roche, dessin de P. Berrichon.

La drogue, la musique

Faut-il en conclure que Rimbaud abandonne l'écriture au moment où il émerge de sa *Saison en enfer* ? On l'a maintes fois affirmé, peut-être parce que les histoires logiques et qui se referment sur elles-mêmes satisfont mieux notre esprit : tirant la leçon de ses échecs littéraires à Paris et du dégoût qu'avaient fini par lui inspirer les poètes de profession rencontrés avec Verlaine, Rimbaud se serait réduit au silence et aurait entrepris de *vivre* l'expérience poétique, cette ouverture infinie au monde réel, plutôt que de la formuler par des mots toujours décevants. Il aurait fait imprimer *Une saison en enfer* sans plus se soucier de diffuser le livre (il abandonne le tirage entre les mains de l'imprimeur bruxellois resté impayé — on retrouvera plus tard les exemplaires stockés), se contentant d'en envoyer quelques brochures à des amis parisiens. Pariant de cette façon, comme on lance une bouteille à la mer, que son texte survivrait quelque part en dehors de lui-même et à son insu, il aurait donné son congé à la littérature et serait parti sur les routes pour se fondre dans le grand silence anonyme, tout bruissant des vérités que les mots trahissent. C'est peut-être, en effet, le sens de son abandon de la poésie écrite. Mais il ne s'est pas fait d'un seul coup. Les dates de composition des *Illuminations*, ses poèmes en prose, n'ont pas été déterminées d'une façon précise ; il semble hors de doute que quelques-uns d'entre eux ont été écrits après *Une saison en enfer*. En particulier le poème intitulé *Matinée d'ivresse*, qui se termine par ces mots : « *Voici le temps des Assassins.* » Il se réfère à une expérience de la drogue (assassins = haschischins) dont la *Saison* ne fait pas état et à laquelle Rimbaud s'est sans doute livré pour élargir son champ de conscience, s'ouvrir à un réel plus vibrant, plus dense, plus multiple que celui de « l'hallucination simple » à laquelle il s'était exercé précédemment et qui lui faisait voir à volonté et très franchement une mosquée à la place d'une usine, des calèches sur les routes du ciel, un salon au fond d'un lac. Déception, cependant, de la drogue, qu'il cherche à compenser par la pratique de la musique : il prend des leçons et joue intensivement du piano vers le moment où il abandonne l'écriture, comme s'il cherchait dans les harmonies et les rythmes une communication secrète avec le monde, branchée sur la totalité du réel et échappant radicalement aux insuffisances du langage, aux contraintes rationnelles des mots.

Les voyages, le travail, le désert

Le reste de cette vie appartient donc au silence, et il faudrait le respecter, faire taire les curiosités, s'attacher seulement aux écrits du « passant considérable » (Mallarmé) qui a traversé notre ciel littéraire comme un météore brillant d'un noir éclat.

Nous irons vite pour raconter la fin, qui a duré seize ans et dont on trouve dans la correspondance, adressée principalement à la famille, le récit fait de souffrances et de déceptions. Pendant trois ans, de 1875 à 1877, Rimbaud vagabonde : Allemagne, Suisse, Italie, Autriche, le plus souvent à pied, vivant plus ou moins d'expédients, revenant régulièrement à Charleville auprès

La vieille ville de Stuttgart, dessin de Rimbaud.

de la mère et de la sœur, les fuyant à nouveau. Il s'engage à la Légion étrangère hollandaise, gagne Java, déserte, veut s'enrôler dans la marine américaine. On a trace de son passage aussi en Scandinavie : Suède, Danemark, Norvège. En 1878, après avoir

Rimbaud songeant à s'engager dans les troupes carlistes, dessin de Verlaine.

pour la première fois aidé sa mère à la moisson, il traverse les Vosges, la Suisse, franchit le Saint-Gothard (le jour même de la mort de son père, dont on ne sait comment, plus tard, il l'a apprise). Il s'embarque à Gênes pour l'Égypte, puis gagne Chypre où il est engagé comme contremaître sur un chantier. Atteint de la fièvre typhoïde, il rentre passer l'hiver 1879-1880 à Roche.

Rimbaud « missionnaire », dessin de Delahaye.

Départ de Rimbaud pour Vienne,
dessin de Verlaine.

Rimbaud au pôle Nord,
dessin de Delahaye.

Il retourne à Chypre diriger la construction de la résidence d'été du gouverneur britannique. Puis il cherche du travail dans les ports africains de la mer Rouge. Il est décidé maintenant à se faire une situation. À Aden, ville coloniale anglaise située au sud-ouest de l'Arabie, il est engagé par une firme commerciale qui l'envoie par la suite diriger sa succursale de Harar, en Abyssinie. Son travail consiste à acheter et à vendre des marchandises, principalement du café, et à en organiser le transport. Il se déplaît profondément dans cette situation subalterne. Surtout, il s'ennuie à périr. Il vit avec une Abyssinienne qui prend soin de lui. C'est d'elle, probablement, qu'il contracte la syphilis. Il s'échine à la tâche, car il voudrait épouser une femme au pays — sa mère est chargée de la lui trouver — et éduquer un fils pour en faire « un homme puissant et riche par la science ». Voilà bien répudié le poète maudit, le voyou du Quartier Latin, l'homosexuel scandaleux : c'est son propre père qui habite à présent Rimbaud négociant, lequel n'a plus qu'un souci, gagner de l'argent, s'établir, faire une fin, comme s'il s'agissait encore et toujours de plaire à l'inusable Vitalie, comme s'il lui fallait racheter la désertion paternelle tout en la reproduisant, mais cette fois positivement, dans le but de fonder une famille. Son honnêteté lui vaut l'estime de tous ses collègues commerçants. Mais ses affaires marchent mal. Il se tourne alors vers le commerce des armes, s'associe avec un trafiquant pour organiser une caravane, subit une cascade de difficultés et de mécomptes. Il s'épuise, pour un profit très inférieur à ce qu'il escomptait.

L'agence Bardey (maison de Rimbaud).

Pendant ce temps, à Paris, sa réputation de poète commence à éclore. Les *Illuminations* paraissent en 1886, avec une notice de Paul Verlaine, qui l'a révélé au public trois ans plus tôt dans son essai sur *Les Poètes maudits* et se montrera jusqu'au bout fidèle à l'œuvre poétique de son ancien ami. C'est lui qui publiera et préfacera, en 1895, quatre ans après la mort de Rimbaud, le premier recueil de ses *Poésies complètes.* Les poètes « décadents » se réclament de lui dont on ignore le sort, la jeunesse lettrée bâtit un mythe autour de sa disparition. En 1890, on découvre à Paris sa présence en Abyssinie. Un directeur de revue lui écrit en l'appelant « cher Poète ! » et lui demande des textes. Rimbaud ne répond pas, mais garde cependant la lettre dans ses papiers professionnels. Quand les rares Européens qu'il fréquente, et qui n'ignorent pas qu'il a autrefois tâté des lettres à Paris, l'interrogent sur ce passé, il grommelle invariablement : « Absurde, ridicule, dégoûtant. » Il aurait même qualifié ses poèmes de « rinçures ». Cet homme seul et taciturne, au caractère difficile mais

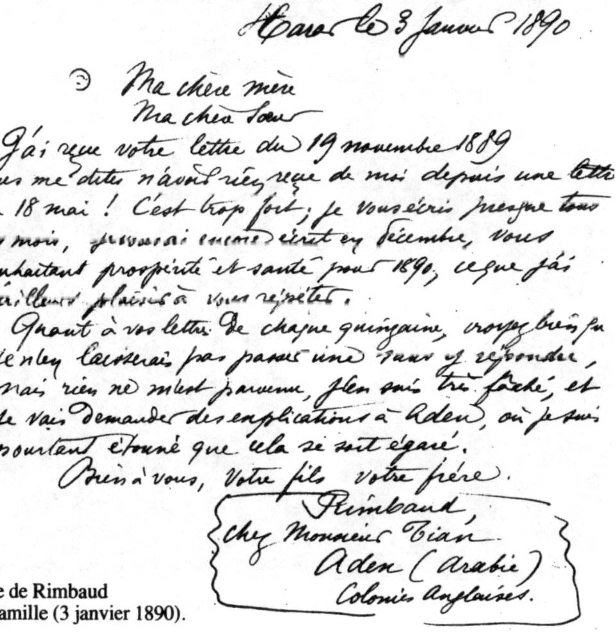
Harar le 3 janvier 1890

Ma chère mère
Ma chère sœur

J'ai reçu votre lettre du 19 novembre 1889
Vous me dites n'avoir rien reçu de moi depuis une lettre du 18 mai ! C'est trop fort ; je vous écris presque tous les mois, je vous ai encore écrit en décembre, vous souhaitant prospérité et santé pour 1890, ce que j'ai d'ailleurs plaisir à vous répéter.

Quant à vos lettres de chaque quinzaine, croyez bien que je n'en laisserai pas passer une sans y répondre, mais rien ne m'est parvenu, j'en suis très fâché, et je vais demander des explications à Aden, où je suis pourtant étonné que cela se soit égaré.

Bien à vous, Votre fils votre frère.

Rimbaud,
chez Monsieur Tian
Aden (Arabie)
Colonies Anglaises.

Lettre de Rimbaud
à sa famille (3 janvier 1890).

Photographie de Rimbaud.

loyal, selon tous les gens qui l'ont connu alors, ne s'animait qu'en racontant ce qu'il avait vu et appris dans ses voyages. Il espère d'ailleurs devenir correspondant de la Société de géographie et envoie à celle-ci quelques rapports qui sont publiés : du solide, du factuel, de l'informé, pas de la vaine littérature. Pour le reste, il est volontiers mordant et ironique, critiquant tout, trouvant tout mal, mauvais, idiot. Ainsi nous est décrit le Rimbaud du Harar. Une extraordinaire photo de lui, prise là-bas, nous le montre, qui ressemble à un bagnard. Et c'est bien ce qu'il est devenu : un forçat de la vie.

En février 1891, il souffre d'une violente douleur au genou droit. Bientôt il ne peut plus marcher. Il se fait transporter en civière à Aden, un voyage torturant. Sur le conseil du médecin de l'hôpital anglais, il décide de rentrer en France. Le 20 mai, il est débarqué à Marseille et transporté à l'hôpital de la Conception. Le 27 mai, il est amputé. Sa mère est à son chevet. Il est désespéré. Il va passer un mois à Roche, où ses douleurs ne font qu'empirer. Le 23 août, il repart pour Marseille, sa sœur Isabelle l'accompagne, elle sera à ses côtés, à l'hôpital, jusqu'à la fin. Le

Isabelle Rimbaud.

cancer se généralise progressivement. Le 25 octobre, un prêtre lui demande s'il veut se confesser. Il accepte. Il a maintenant des visions. Isabelle : « Éveillé, il achève sa vie dans une sorte de rêve continuel : il dit des choses très bizarres très doucement, d'une voix qui m'enchanterait si elle ne me perçait le cœur. Ce qu'il dit, ce sont ses rêves — pourtant ce n'est pas la même chose du tout que quand il avait la fièvre. On dirait et je crois, qu'il le fait exprès. » Retour ultime de la poésie ? Il souffre horriblement, tantôt se résigne à la mort, tantôt parle de rentrer à Aden. Le 10 novembre, la mort le délivre. Mme Rimbaud fait enterrer son corps au cimetière de Charleville, dans le caveau familial où elle a déjà sa place.

MICHEL CONTAT.

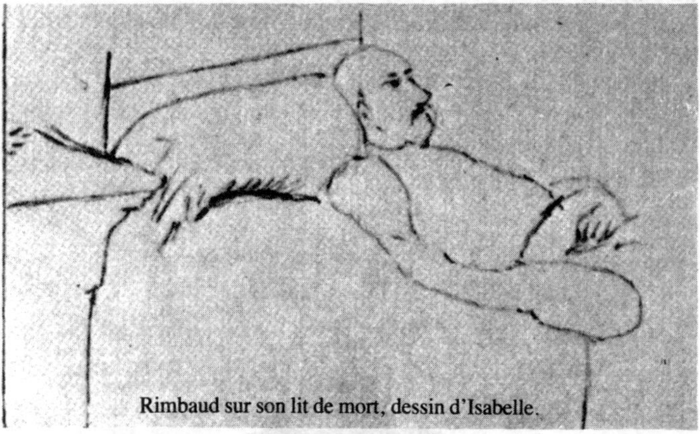

Rimbaud sur son lit de mort, dessin d'Isabelle.

Rimbaud dans les derniers jours de sa vie, dessin d'Isabelle.

Le Coin de table, par Fantin-Latour.

Arthur Rimbaud :
son œuvre
« Le voleur de feu »

Dimanche au village, dessin de Rimbaud.

SENSATION

Par les soirs bleus d'été, j'irai dans les sentiers,
Picoté par les blés, fouler l'herbe menue :
Rêveur, j'en sentirai la fraîcheur à mes pieds.
Je laisserai le vent baigner ma tête nue.

Je ne parlerai pas, je ne penserai rien :
Mais l'amour infini me montera dans l'âme,
Et j'irai loin, bien loin, comme un bohémien,
Par la Nature, — heureux comme avec une femme.

Mars 1870.

BAL DES PENDUS

Au gibet noir, manchot aimable,
Dansent, dansent les paladins,
Les maigres paladins du diable,
Les squelettes de Saladins.

Messire Belzébuth tire par la cravate
Ses petits pantins noirs grimaçant sur le ciel,
Et, leur claquant au front un revers de savate,
Les fait danser, danser aux sons d'un vieux Noël !

Et les pantins choqués enlacent leurs bras grêles :
Comme des orgues noirs, les poitrines à jour
Que serraient autrefois les gentes damoiselles,
Se heurtent longuement dans un hideux amour.

Hurrah ! Les gais danseurs, qui n'avez plus de panse !
On peut cabrioler, les tréteaux sont si longs !
Hop ! qu'on ne sache plus si c'est bataille ou danse !
Belzébuth enragé racle ses violons !

Ô durs talons, jamais on n'use sa sandale !
Presque tous ont quitté la chemise de peau :
Le reste est peu gênant et se voit sans scandale.
Sur les crânes, la neige applique un blanc chapeau :

Le corbeau fait panache à ces têtes fêlées,
Un morceau de chair tremble à leur maigre menton :
On dirait, tournoyant dans les sombres mêlées,
Des preux, raides, heurtant armures de carton.

Hurrah ! La bise siffle au grand bal des squelettes !
Le gibet noir mugit comme un orgue de fer !
Les loups vont répondant des forêts violettes :
À l'horizon, le ciel est d'un rouge d'enfer...

Holà, secouez-moi ces capitans funèbres
Qui défilent, sournois, de leurs gros doigts cassés
Un chapelet d'amour sur leurs pâles vertèbres :
Ce n'est pas un moustier ici, les trépassés !

Oh ! voilà qu'au milieu de la danse macabre
Bondit dans le ciel rouge un grand squelette fou
Emporté par l'élan, comme un cheval se cabre :
Et, se sentant encor la corde raide au cou,

Crispe ses petits doigts sur son fémur qui craque
Avec des cris pareils à des ricanements,
Et, comme un baladin rentre dans la baraque,
Rebondit dans le bal au chant des ossements.

Au gibet noir, manchot aimable,
Dansent, dansent les paladins,
Les maigres paladins du diable,
Les squelettes de Saladins.

À LA MUSIQUE

Place de la gare, à Charleville.

Sur la place taillée en mesquines pelouses,
Square où tout est correct, les arbres et les fleurs,
Tous les bourgeois poussifs qu'étranglent les chaleurs
Portent, les jeudis soir, leurs bêtises jalouses.

– L'orchestre militaire, au milieu du jardin,
Balance ses schakos dans la *Valse des fifres* :
– Autour, aux premiers rangs, parade le gandin ;
Le notaire pend à ses breloques à chiffres :

Des rentiers à lorgnons soulignent tous les couacs :
Les gros bureaux bouffis traînent leurs grosses dames
Auprès desquelles vont, officieux cornacs,
Celles dont les volants ont des airs de réclames ;

Sur les bancs verts, des clubs d'épiciers retraités
Qui tisonnent le sable avec leur canne à pomme,
Fort sérieusement discutent les traités,
Puis prisent en argent, et reprennent : « En somme !... »

Épatant sur son banc les rondeurs de ses reins,
Un bourgeois à boutons clairs, bedaine flamande,
Savoure son onnaing[1] d'où le tabac par brins
Déborde – vous savez, c'est de la contrebande ; –

1. Pipe fabriquée à Onnaing.

Le long des gazons verts ricanent les voyous ;
Et, rendus amoureux par le chant des trombones,
Très naïfs, et fumant des roses, les pioupious
Caressent les bébés pour enjôler les bonnes...

— Moi, je suis, débraillé comme un étudiant,
Sous les marronniers verts les alertes fillettes :
Elles le savent bien, et tournent en riant,
Vers moi, leurs yeux tout pleins de choses indiscrètes.

Je ne dis pas un mot : je regarde toujours
La chair de leurs cous blancs brodés de mèches folles :
Je suis, sous le corsage et les frêles atours,
Le dos divin après la courbe des épaules.

J'ai bientôt déniché la bottine, le bas...
— Je reconstruis les corps, brûlé de belles fièvres.
Elles me trouvent drôle et se parlent tout bas...
— Et je sens les baisers qui me viennent aux lèvres...

Le square de la gare à Charleville.

ROMAN

I

On n'est pas sérieux, quand on a dix-sept ans.
— Un beau soir, foin des bocks et de la limonade,
Des cafés tapageurs aux lustres éclatants !
— On va sous les tilleuls verts de la promenade.

Les tilleuls sentent bon dans les bons soirs de juin !
L'air est parfois si doux, qu'on ferme la paupière ;
Le vent chargé de bruits, — la ville n'est pas loin, —
A des parfums de vigne et des parfums de bière...

II

— Voilà qu'on aperçoit un tout petit chiffon
D'azur sombre, encadré d'une petite branche,
Piqué d'une mauvaise étoile, qui se fond
Avec de doux frissons, petite et toute blanche...

Nuit de juin ! Dix-sept ans ! — On se laisse griser.
La sève est du champagne et vous monte à la tête...
On divague ; on se sent aux lèvres un baiser
Qui palpite là, comme une petite bête...

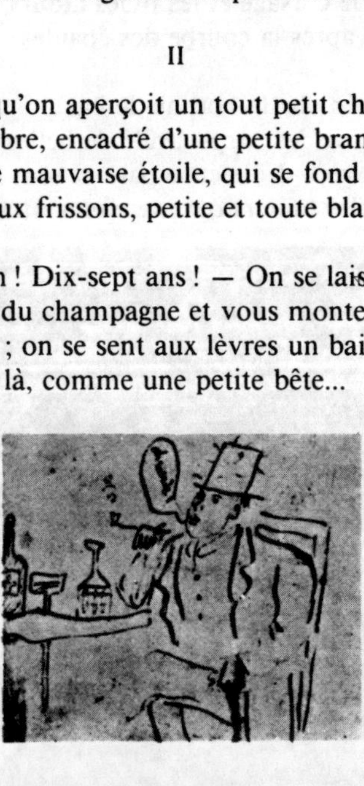

Rimbaud,
par Verlaine.

III

Le cœur fou Robinsonne à travers les romans,
— Lorsque, dans la clarté d'un pâle réverbère,
Passe une demoiselle aux petits airs charmants,
Sous l'ombre du faux col effrayant de son père...

Et, comme elle vous trouve immensément naïf,
Tout en faisant trotter ses petites bottines,
Elle se tourne, alerte et d'un mouvement vif...
— Sur vos lèvres alors meurent les cavatines...

IV

Vous êtes amoureux. Loué jusqu'au mois d'août.
Vous êtes amoureux. —Vos sonnets La font rire.
Tous vos amis s'en vont, vous êtes *mauvais goût.*
— Puis l'adorée, un soir, a daigné vous écrire... !

— Ce soir-là,... — vous rentrez aux cafés éclatants,
Vous demandez des bocks ou de la limonade...
— On n'est pas sérieux, quand on a dix-sept ans
Et qu'on a des tilleuls verts sur la promenade.

29 septembre 1870.

RÊVÉ POUR L'HIVER

L'hiver, nous irons dans un petit wagon rose
Avec des coussins bleus.
Nous serons bien. Un nid de baisers fous repose
Dans chaque coin moelleux.

Tu fermeras l'œil, pour ne point voir, par la glace,
Grimacer les ombres des soirs,
Ces monstruosités hargneuses, populace
De démons noirs et de loups noirs.

Puis tu te sentiras la joue égratignée...
Un petit baiser, comme une folle araignée,
Te courra par le cou...

Et tu me diras : « Cherche ! » en inclinant la tête,
— Et nous prendrons du temps à trouver cette bête
— Qui voyage beaucoup...

En Wagon, le 7 octobre 1870.

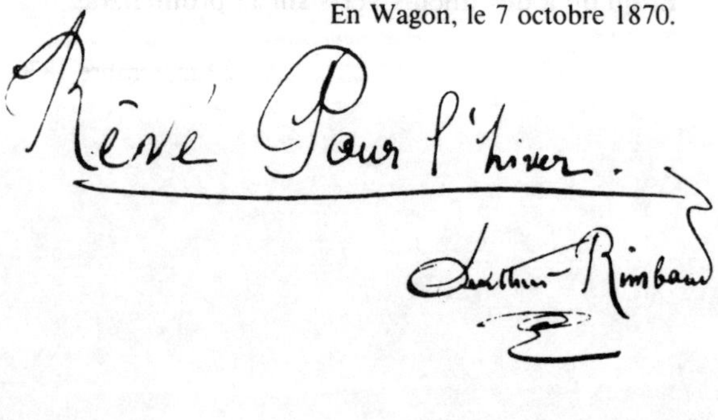

LE DORMEUR DU VAL

C'est un trou de verdure où chante une rivière
Accrochant follement aux herbes des haillons
D'argent ; où le soleil, de la montagne fière,
Luit : c'est un petit val qui mousse de rayons.

Un soldat jeune, bouche ouverte, tête nue,
Et la nuque baignant dans le frais cresson bleu,
Dort ; il est étendu dans l'herbe, sous la nue,
Pâle dans son lit vert où la lumière pleut.

Les pieds dans les glaïeuls, il dort. Souriant comme
Sourirait un enfant malade, il fait un somme :
Nature, berce-le chaudement : il a froid.

Les parfums ne font pas frissonner sa narine ;
Il dort dans le soleil, la main sur sa poitrine
Tranquille. Il a deux trous rouges au côté droit.

Octobre 1870.

AU CABARET-VERT

CINQ HEURES DU SOIR

Depuis huit jours, j'avais déchiré mes bottines
Aux cailloux des chemins. J'entrais à Charleroi.
— *Au Cabaret-Vert :* je demandai des tartines
De beurre et du jambon qui fût à moitié froid.

Bienheureux, j'allongeai les jambes sous la table
Verte : je contemplai les sujets très naïfs
De la tapisserie. — Et ce fut adorable,
Quand la fille aux tétons énormes, aux yeux vifs,

— Celle-là, ce n'est pas un baiser qui l'épeure[1] ! —
Rieuse, m'apporta des tartines de beurre,
Du jambon tiède, dans un plat colorié,

Du jambon rose et blanc parfumé d'une gousse
D'ail, — et m'emplit la chope immense, avec sa mousse
Que dorait un rayon de soleil arriéré.

Octobre 1870.

1. Lui fait peur.

LA MALINE

Dans la salle à manger brune, que parfumait
Une odeur de vernis et de fruits, à mon aise
Je ramassais un plat de je ne sais quel met
Belge, et je m'épatais dans mon immense chaise.

En mangeant, j'écoutais l'horloge, — heureux et coi.
La cuisine s'ouvrit avec une bouffée.
— Et la servante vint, je ne sais pas pourquoi,
Fichu moitié défait, malinement coiffée

Et, tout en promenant son petit doigt tremblant
Sur sa joue, un velours de pêche rose et blanc,
En faisant, de sa lèvre enfantine, une moue,

Elle arrangeait les plats, près de moi, pour m'aiser ,
— Puis, comme ça, — bien sûr, pour avoir un baiser, —
Tout bas : « Sens donc, j'ai pris *une* froid sur la joue... »

Charleroi, octobre 1870.?

L'ÉCLATANTE VICTOIRE DE SARREBRUCK

REMPORTÉE AUX CRIS DE VIVE L'EMPEREUR !

Gravure belge brillamment coloriée,
se vend à Charleroi, 35 centimes.

Au milieu, l'Empereur, dans une apothéose
Bleue et jaune, s'en va, raide, sur son dada
Flamboyant ; très heureux, – car il voit tout en rose,
Féroce comme Zeus et doux comme un papa ;

En bas, les bons Pioupious qui faisaient la sieste
Près des tambours dorés et des rouges canons,
Se lèvent gentiment. Pitou remet sa veste,
Et, tourné vers le Chef, s'étourdit de grands noms !

À droite, Dumanet, appuyé sur la crosse
De son chassepot[1], sent frémir sa nuque en brosse,
Et : « Vive l'Empereur ! ! » – Son voisin reste coi...

Un schako surgit, comme un soleil noir... – Au centre,
Boquillon rouge et bleu, très naïf, sur son ventre
Se dresse, et, – présentant ses derrières– : « De quoi ?... »

Octobre 70.

1. Fusil de guerre.

MA BOHÈME
(Fantaisie)

Je m'en allais, les poings dans mes poches crevées ;
Mon paletot aussi devenait idéal ;
J'allais sous le ciel, Muse ! et j'étais ton féal[1] ;
Oh ! là ! là ! que d'amours splendides j'ai rêvées !

Mon unique culotte avait un large trou.
— Petit-Poucet rêveur, j'égrenais dans ma course
Des rimes. Mon auberge était à la Grande-Ourse.
— Mes étoiles au ciel avaient un doux frou-frou

Et je les écoutais, assis au bord des routes,
Ces bons soirs de septembre où je sentais des gouttes
De rosée à mon front, comme un vin de vigueur ;

Où, rimant au milieu des ombres fantastiques,
Comme des lyres, je tirais les élastiques
De mes souliers blessés, un pied près de mon cœur !

1. Partisan dévoué.

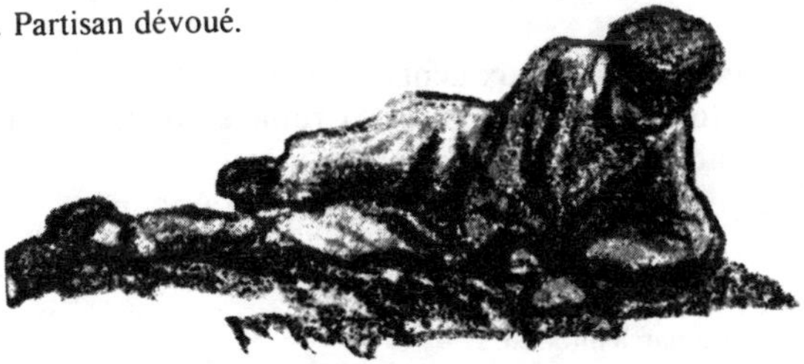

Etude, par Claude Monet.

LES ASSIS

Noirs de loupes, grêlés, les yeux cerclés de bagues
Vertes, leurs doigts boulus[1] crispés à leurs fémurs,
Le sinciput[2] plaqué de hargnosités[3] vagues
Comme les floraisons lépreuses des vieux murs ;

Ils ont greffé dans des amours épileptiques
Leur fantasque ossature aux grands squelettes noirs
De leurs chaises ; leurs pieds aux barreaux rachitiques
S'entrelacent pour les matins et pour les soirs !

Ces vieillards ont toujours fait tresse avec leurs sièges,
Sentant les soleils vifs percaliser[4] leur peau,
Ou, les yeux à la vitre où se fanent les neiges,
Tremblant du tremblement douloureux du crapaud.

Et les Sièges leur ont des bontés : culottée
De brun, la paille cède aux angles de leurs reins ;
L'âme des vieux soleils s'allume emmaillotée
Dans ces tresses d'épis où fermentaient les grains.

Et les Assis, genoux aux dents, verts pianistes,
Les dix doigts sous leur siège aux rumeurs de tambour,
S'écoutent clapoter des barcarolles tristes,
Et leurs caboches vont dans des roulis d'amour.

1. Boudinés.
2. Mot inventé par Rimbaud.
3. Vient de hargneux.
4. Rendre mince comme la percale qui est un tissu de coton.

— Oh ! ne les faites pas lever ! C'est le naufrage...
Ils surgissent, grondant comme des chats giflés,
Ouvrant lentement leurs omoplates, ô rage !
Tout leur pantalon bouffe à leurs reins boursouflés.

Et vous les écoutez, cognant leurs têtes chauves
Aux murs sombres, plaquant et plaquant leurs pieds tors,
Et leurs boutons d'habit sont des prunelles fauves
Qui vous accrochent l'œil du fond des corridors !

Puis ils ont une main invisible qui tue :
Au retour, leur regard filtre ce venin noir
Qui charge l'œil souffrant de la chienne battue,
Et vous suez pris dans un atroce entonnoir.

Rassis, les poings noyés dans des manchettes sales,
Ils songent à ceux-là qui les ont fait lever
Et, de l'aurore au soir, des grappes d'amygdales
Sous leurs mentons chétifs s'agitent à crever.

Quand l'austère sommeil a baissé leurs visières,
Ils rêvent sur leur bras de sièges fécondés,
De vrais petits amours de chaises en lisière
Par lesquelles de fiers bureaux seront bordés ;

Des fleurs d'encre crachant des pollens en virgule
Les bercent, le long des calices accroupis
Tels qu'au fil des glaïeuls le vol des libellules
—Et leur membre s'agace à des barbes d'épis.

ORAISON DU SOIR

Je vis assis, tel qu'un ange aux mains d'un barbier,
Empoignant une chope à fortes cannelures,
L'hypogastre et le col cambrés, une Gambier[1]
Aux dents, sous l'air gonflé d'impalpables voilures.

Tels que les excréments chauds d'un vieux colombier,
Mille Rêves en moi font de douces brûlures :
Puis par instants mon cœur triste est comme un aubier
Qu'ensanglante l'or jeune et sombre des coulures.

Puis, quand j'ai ravalé mes rêves avec soin,
Je me tourne, ayant bu trente ou quarante chopes,
Et me recueille, pour lâcher l'âcre besoin :

Doux comme le Seigneur du cèdre et des hysopes[2],
Je pisse vers les cieux bruns, très haut et très loin,
Avec l'assentiment des grands héliotropes.

1. Pipe.
2. Arbrisseaux à fleurs bleues.

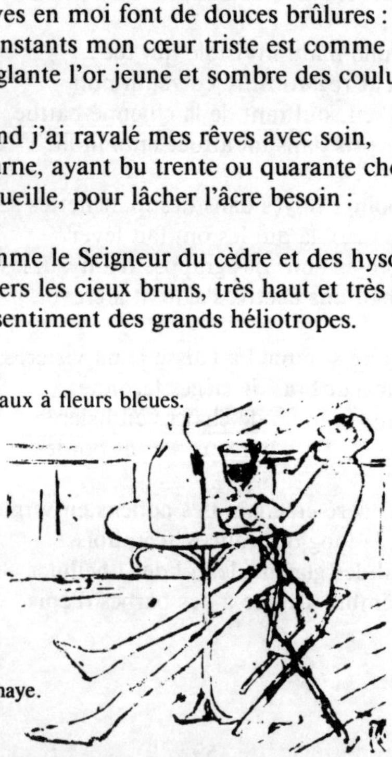

Rimbaud,
par E. Delahaye.

MES PETITES AMOUREUSES

Un hydrolat[1] lacrymal lave
Les cieux vert-chou :
Sous l'arbre tendronnier qui bave,
Vos caoutchoucs

Blancs de lunes particulières
Aux pialats[2] ronds,
Entrechoquez vos genouillères
Mes laiderons !

Nous nous aimions à cette époque,
Bleu laideron !
On mangeait des œufs à la coque
Et du mouron !

Un soir, tu me sacras poète,
Blond laideron :
Descends ici, que je te fouette
En mon giron ;

J'ai dégueulé ta bandoline[3],
Noir laideron ;
Tu couperais ma mandoline
Au fil du front.

1. Distillation de fleurs.
2. Mot forgé par Rimbaud à partir de l'expression se pialer — peler de froid.
3. Sorte de brillantine.

Pouah ! mes salives desséchées,
Roux laideron,
Infectent encor les tranchées
De ton sein rond !
Ô mes petites amoureuses,
Que je vous hais !
Plaquez de fouffes[4] douloureuses
Vos tétons laids !

Piétinez mes vieilles terrines
De sentiment ;
– Hop donc ! soyez-moi ballerines
Pour un moment !...

Vos omoplates se déboîtent,
Ô mes amours !
Une étoile à vos reins qui boitent,
Tournez vos tours !

Et c'est pourtant pour ces éclanches[5]
Que j'ai rimé !
Je voudrais vous casser les hanches
D'avoir aimé !

Fade amas d'étoiles ratées,
Comblez les coins !
– Vous crèverez en Dieu, bâtées
D'ignobles soins !

Sous les lunes particulières
Aux pialats ronds,
Entrechoquez vos genouillères,
Mes laiderons !

4. Chiffons.
5. Épaules de mouton.

LES POÈTES DE SEPT ANS

À M.P. Demeny

Et la Mère, fermant le livre du devoir,
S'en allait satisfaite et très fière, sans voir,
Dans les yeux bleus et sous le front plein d'éminences,
L'âme de son enfant livrée aux répugnances.

Tout le jour il suait d'obéissance ; très
Intelligent ; pourtant des tics noirs, quelques traits
Semblaient prouver en lui d'âcres hypocrisies.
Dans l'ombre des couloirs aux tentures moisies,
En passant il tirait la langue, les deux poings
À l'aine, et dans ses yeux fermés voyait des points.
Une porte s'ouvrait sur le soir : à la lampe
On le voyait, là-haut, qui râlait sur la rampe,
Sous un golfe de jour pendant du toit. L'été
Surtout, vaincu, stupide, il était entêté
À se renfermer dans la fraîcheur des latrines :
Il pensait là, tranquille et livrant ses narines.

Quand, lavé des odeurs du jour, le jardinet
Derrière la maison, en hiver, s'illunait,
Gisant au pied d'un mur, enterré dans la marne
Et pour des visions écrasant son œil darne[1],
Il écoutait grouiller les galeux espaliers.
Pitié ! Ces enfants seuls étaient ses familiers
Qui, chétifs, fronts nus, œil déteignant sur la joue,
Cachant de maigres doigts jaunes et noirs de boue
Sous des habits puant la foire et tout vieillots,
Conversaient avec la douceur des idiots !
Et si, l'ayant surpris à des pitiés immondes,
Sa mère s'effrayait ; les tendresses, profondes,
De l'enfant se jetaient sur cet étonnement.
C'était bon. Elle avait le bleu regard, — qui ment !

1. Ivre, pris de vertige.

À sept ans, il faisait des romans, sur la vie
Du grand désert, où luit la Liberté ravie,
Forêts, soleils, rives, savanes ! — Il s'aidait
De journaux illustrés où, rouge, il regardait
Des Espagnoles rire et des Italiennes.
Quand venait, l'œil brun, folle, en robes d'indiennes,
— Huit ans, — la fille des ouvriers d'à côté,
La petite brutale, et qu'elle avait sauté,
Dans un coin, sur son dos, en secouant ses tresses,
Et qu'il était sous elle, il lui mordait les fesses,
Car elle ne portait jamais de pantalons ;
— Et, par elle meurtri des poings et des talons,
Remportait les saveurs de sa peau dans sa chambre.
Il craignait les blafards dimanches de décembre,
Où, pommadé, sur un guéridon d'acajou,
Il lisait une Bible à la tranche vert-chou ;
Des rêves l'oppressaient chaque nuit dans l'alcôve.
Il n'aimait pas Dieu ; mais les hommes, qu'au soir fauve,
Noirs, en blouse, il voyait rentrer dans le faubourg
Où les crieurs, en trois roulements de tambour,
Font autour des édits rire et gronder les foules.
— Il rêvait la prairie amoureuse, où des houles
Lumineuses, parfums sains, pubescences d'or,
Font leur remuement calme et prennent leur essor !
Et comme il savourait surtout les sombres choses,
Quand, dans la chambre nue aux persiennes closes,
Haute et bleue, âcrement prise d'humidité,
Il lisait son roman sans cesse médité,
Plein de lourds ciels ocreux et de forêts noyées,
De fleurs de chair aux bois sidérals déployées,
Vertige, écroulements, déroutes et pitié !
— Tandis que se faisait la rumeur du quartier,
En bas, — seul, et couché sur des pièces de toile
Écrue, et pressentant violemment la voile !

26 mai 1871.

LES PAUVRES À L'ÉGLISE

Parqués entre des bancs de chêne, aux coins d'église
Qu'attiédit puamment leur souffle, tous leurs yeux
Vers le chœur ruisselant d'orrie[1] et la maîtrise
Aux vingt gueules gueulant les cantiques pieux ;

Comme un parfum de pain humant l'odeur de cire,
Heureux, humiliés comme des chiens battus,
Les Pauvres au bon Dieu, le patron et le sire,
Tendent leurs oremus risibles et têtus.

Aux femmes, c'est bien bon de faire des bancs lisses,
Après les six jours noirs où Dieu les fait souffrir !
Elles bercent, tordus dans d'étranges pelisses,
Des espèces d'enfants qui pleurent à mourir.

Leurs seins crasseux dehors, ces mangeuses de soupe,
Une prière aux yeux et ne priant jamais,
Regardent parader mauvaisement un groupe
De gamines avec leurs chapeaux déformés.

Dehors, le froid, la faim, l'homme en ribote[2] :
C'est bon. Encore une heure ; après, les maux sans noms !
— Cependant, alentour, geint, nasille, chuchote
Une collection de vieilles à fanons :

Ces effarés y sont et ces épileptiques
Dont on se détournait hier aux carrefours ;
Et, fringalant du nez dans des missels antiques,
Ces aveugles qu'un chien introduit dans les cours.

1. Dorures.
2. En état d'ivresse.

Et tous, bavant la foi mendiante et stupide,
Récitent la complainte infinie à Jésus
Qui rêve en haut, jauni par le vitrail livide,
Loin des maigres mauvais et des méchants pansus,

Loin des senteurs de viande et d'étoffes moisies,
Farce prostrée et sombre aux gestes repoussants ;
— Et l'oraison fleurit d'expressions choisies,
Et les mysticités prennent des tons pressants,

Quand, des nefs où périt le soleil, plis de soie
Banals, sourires verts, les Dames des quartiers
Distingués, — ô Jésus ! — les malades du foie
Font baiser leurs longs doigts jaunes aux bénitiers.

1871.

Dessins de Rimbaud.

LE CŒUR DU PITRE

Mon triste cœur bave à la poupe,
Mon cœur est plein de caporal :
Ils y lancent des jets de soupe,
Mon triste cœur bave à la poupe :
Sous les quolibets de la troupe
Qui pousse un rire général,
Mon triste cœur bave à la poupe,
Mon cœur est plein de caporal !

Ithyphalliques et pioupiesques
Leurs insultes l'ont dépravé !
À la vesprée ils font des fresques
Ithyphalliques et pioupiesques.
Ô flots abracadabrantesques,
Prenez mon cœur, qu'il soit sauvé :
Ithyphalliques et pioupiesques
Leurs insultes l'ont dépravé !

Quand ils auront tari leurs chiques,
Comment agir, ô cœur volé ?
Ce seront des refrains bachiques
Quand ils auront tari leurs chiques :
J'aurai des sursauts stomachiques
Si mon cœur triste est ravalé :
Quand ils auront tari leurs chiques,
Comment agir, ô cœur volé ?

Mai 1871.

Le Cœur volé.

L'ORGIE PARISIENNE
OU PARIS SE REPEUPLE

Ô lâches, la voilà ! Dégorgez dans les gares !
Le soleil essuya de ses poumons ardents
Les boulevards qu'un soir comblèrent les Barbares.
Voilà la Cité sainte, assise à l'occident !

Allez ! on préviendra les reflux d'incendie,
Voilà les quais, voilà les boulevards, voilà
Les maisons sur l'azur léger qui s'irradie
Et qu'un soir la rougeur des bombes étoila !

Cachez les palais morts dans des niches de planches !
L'ancien jour effaré rafraîchit vos regards.
Voici le troupeau roux des tordeuses de hanches :
Soyez fous, vous serez drôles, étant hagards !

Tas de chiennes en rut mangeant des cataplasmes,
Le cri des maisons d'or vous réclame. Volez !
Mangez ! Voici la nuit de joie aux profonds spasmes
Qui descend dans la rue. Ô buveurs désolés,

Buvez ! Quand la lumière arrive intense et folle,
Fouillant à vos côtés les luxes ruisselants,
Vous n'allez pas baver, sans geste, sans parole,
Dans vos verres, les yeux perdus aux lointains blancs ?

Avalez, pour la Reine aux fesses cascadantes !
Écoutez l'action des stupides hoquets
Déchirants ! Écoutez sauter aux nuits ardentes
Les idiots râleux, vieillards, pantins, laquais !

Dessin de Rimbaud.

Ô cœurs de saleté, bouches épouvantables,
Fonctionnez plus fort, bouches de puanteurs !
Un vin pour ces torpeurs ignobles, sur ces tables...
Vos ventres sont fondus de hontes, ô Vainqueurs !

Ouvrez votre narine aux superbes nausées !
Trempez de poisons forts les cordes de vos cous !
Sur vos nuques d'enfants baissant ses mains croisées
Le Poète vous dit : « Ô lâches, soyez fous !

Parce que vous fouillez le ventre de la Femme,
Vous craignez d'elle encore une convulsion
Qui crie, asphyxiant votre nichée infâme
Sur sa poitrine, en une horrible pression.

Syphilitiques, fous, rois, pantins, ventriloques,
Qu'est-ce que ça peut faire à la putain Paris,
Vos âmes et vos corps, vos poisons et vos loques ?
Elle se secouera de vous, hargneux pourris !

Et quand vous serez bas, geignant sur vos entrailles,
Les flancs morts, réclamant votre argent, éperdus,
La rouge courtisane aux seins gros de batailles
Loin de votre stupeur tordra ses poings ardus !

Quand tes pieds ont dansé si fort dans les colères,
Paris ! quand tu reçus tant de coups de couteau,
Quand tu gis, retenant dans tes prunelles claires
Un peu de la bonté du fauve renouveau,

Ô cité douloureuse, ô cité quasi morte,
La tête et les deux seins jetés vers l'Avenir
Ouvrant sur ta pâleur ses milliards de portes,
Cité que le Passé sombre pourrait bénir :

Corps remagnétisé pour les énormes peines,
Tu rebois donc la vie effroyable ! tu sens
Sourdre le flux des vers livides en tes veines,
Et sur ton clair amour rôder les doigts glaçants !

Et ce n'est pas mauvais. Les vers, les vers livides
Ne gêneront pas plus ton souffle de Progrès
Que les Stryx[1] n'éteignaient l'œil des Cariatides
Où des pleurs d'or astral tombaient des bleus degrés. »

Quoique ce soit affreux de te revoir couverte
Ainsi ; quoiqu'on n'ait fait jamais d'une cité
Ulcère plus puant à la Nature verte,
Le Poète te dit : « Splendide est ta Beauté ! »

L'orage te sacra suprême poésie ;
L'immense remuement des forces te secourt ;
Ton œuvre bout, la mort gronde, Cité choisie !
Amasse les strideurs au cœur du clairon sourd.

Le Poète prendra le sanglot des Infâmes,
La haine des Forçats, la clameur des Maudits ;
Et ses rayons d'amour flagelleront les Femmes.
Ses strophes bondiront : Voilà ! voilà ! bandits !

— Société, tout est rétabli : — les orgies
Pleurent leur ancien râle aux anciens lupanars :
Et les gaz en délire, aux murailles rougies,
Flambent sinistrement vers les azurs blafards !

Mai 1871.

1. Sortes de vampires nocturnes.

VOYELLES

A noir, E blanc, I rouge, U vert, O bleu : voyelles,
Je dirai quelque jour vos naissances latentes :
A, noir corset velu des mouches éclatantes
Qui bombinent autour des puanteurs cruelles,

Golfes d'ombre ; E, candeurs des vapeurs et des tentes,
Lances des glaciers fiers, rois blancs, frissons d'ombelles ;
I, pourpres, sang craché, rire des lèvres belles
Dans la colère ou les ivresses pénitentes ;

U, cycles, vibrements divins des mers virides,
Paix des pâtis semés d'animaux, paix des rides
Que l'alchimie imprime aux grands fronts studieux ;

O, suprême Clairon plein des strideurs[1] étranges,
Silences traversés des Mondes et des Anges :
— O l'Oméga, rayon violet de Ses Yeux !

Rimbaud coloriant les « Voyelles », par de Luque.

1. Qualité d'un bruit perçant et vibrant.

Etude de nu, par Maurice Denis.

L'étoile a pleuré rose au cœur de tes oreilles,
L'infini roulé blanc de ta nuque à tes reins
La mer a perlé rousse à tes mammes vermeilles
Et l'Homme saigné noir à ton flanc souverain.

CE QU'ON DIT AU POÈTE
À PROPOS DE FLEURS

À Monsieur Théodore de Banville.

I

Ainsi, toujours, vers l'azur noir
Où tremble la mer des topazes,
Fonctionneront dans ton soir
Les Lys, ces clystères d'extases !

À notre époque de sagous[1],
Quand les Plantes sont travailleuses,
Le Lys boira les bleus dégoûts
Dans tes Proses religieuses !

— Le lys de monsieur de Kerdrel[2],
Le Sonnet de mil huit cent trente,
Le Lys qu'on donne au Ménestrel
Avec l'œillet et l'amarante !

Des lys ! Des lys ! On n'en voit pas !
Et dans ton Vers, tel que les manches
Des Pécheresses aux doux pas,
Toujours frissonnent ces fleurs blanches !

Toujours, Cher, quand tu prends un bain,
Ta chemise aux aisselles blondes
Se gonfle aux brises du matin
Sur les myosotis immondes !

L'amour ne passe à tes octrois
Que les Dilas, — ô balançoires !
Et les Violettes du Bois,
Crachats sucrés des Nymphes noires !...

1. Sortes de palmiers, des Philippines.
2. Défenseur des royalistes, dont l'emblème est la fleur de lys.

II

Ô Poètes, quand vous auriez
Les Roses, les Roses soufflées,
Rouges sur tiges de lauriers,
Et de mille octaves enflées !

Quand BANVILLE en ferait neiger,
Sanguignolentes, tournoyantes,
Pochant l'œil fou de l'étranger
Aux lectures mal bienveillantes !

De vos forêts et de vos prés,
Ô très paisibles photographes !
La Flore est diverse à peu près
Comme des bouchons de carafes !

Toujours les végétaux Français,
Hargneux, phtisiques, ridicules,
Où le ventre des chiens bassets
Navigue en paix, aux crépuscules ;

Toujours, après d'affreux dessins
De Lotos bleus ou d'Hélianthes,
Estampes roses, sujets saints
Pour de jeunes communiantes !

L'Ode Açoka[1] cadre avec la
Strophe en fenêtre de lorette ;
Et de lourds papillons d'éclat
Fientent sur la Pâquerette.

Vieilles verdures, vieux galons !
Ô croquignoles végétales !
Fleurs fantasques des vieux Salons !
— Aux hannetons, pas aux crotales,

1. Plante mythologique indienne.

Ces poupards végétaux en pleurs
Que Grandville[1] eût mis aux lisières,
Et qu'allaitèrent de couleurs
De méchants astres à visières !

Oui, vos bavures de pipeaux
Font de précieuses glucoses !
— Tas d'œufs frits dans de vieux chapeaux,
Lys, Açokas, Lilas et Roses !...

III

Ô blanc Chasseur, qui cours sans bas
À travers le Pâtis panique,
Ne peux-tu pas, ne dois-tu pas
Connaître un peu ta botanique ?

Tu ferais succéder, je crains,
Aux Grillons roux les Cantharides[2],
L'or des Rios au bleu des Rhins, —
Bref, aux Norwèges les Florides :

Mais, Cher, l'Art n'est plus, maintenant,
— C'est la vérité, — de permettre
À l'Eucalyptus étonnant
Des constrictors d'un hexamètre ;

Là !... Comme si les Acajous
Ne servaient, même en nos Guyanes,
Qu'aux cascades des sapajous,
Au lourd délire des lianes !

— En somme, une Fleur, Romarin
Ou Lys, vive ou morte, vaut-elle
Un excrément d'oiseau marin ?
Vaut-elle un seul pleur de chandelle ?

1. Dessinateur, auteur notamment des *Fleurs animées.*
2. Insectes coléoptères vert et doré.

— Et j'ai dit ce que je voulais !
Toi, même assis là-bas, dans une
Cabane de bambous, — volets
Clos, tentures de perse brune, —

Tu torcherais des floraisons
Dignes d'Oises extravagantes !...
— Poète ! ce sont des raisons
Non moins risibles qu'arrogantes !...

IV

Dis, non les pampas printaniers
Noirs d'épouvantables révoltes,
Mais les tabacs, les cotonniers !
Dis les exotiques récoltes !

Dis, front blanc que Phébus tanna,
De combien de dollars se rente
Pedro Velasquez, Habana ;
Incague[1] la mer de Sorrente

Où vont les Cygnes par milliers ;
Que tes strophes soient des réclames
Pour l'abatis des mangliers[2]
Fouillés des hydres et des lames !

Ton quatrain plonge aux bois sanglants
Et revient proposer aux Hommes
Divers sujets de sucres blancs,
De pectoraires et de gommes !

Sachons par Toi si les blondeurs
Des Pics neigeux, vers les Tropiques,
Sont ou des insectes pondeurs
Ou des lichens microscopiques !

1. Dire merde.
2. Palétuvier.

Trouve, ô Chasseur, nous le voulons,
Quelques garances parfumées
Que la Nature en pantalons
Fasse éclore ! – pour nos Armées !

Trouve, aux abords du Bois qui dort,
Les fleurs, pareilles à des mufles,
D'où bavent des pommades d'or
Sur les cheveux sombres des Buffles !

Trouve, aux prés fous, où sur le Bleu
Tremble l'argent des pubescences,
Des calices pleins d'Œufs de feu
Qui cuisent parmi les essences !

Trouve des Chardons cotonneux
Dont dix ânes aux yeux de braises
Travaillent à filer les nœuds !
Trouve des Fleurs qui soient des chaises !

Oui, trouve au cœur des noirs filons
Des fleurs presque pierres, – fameuses ! –
Qui vers leurs durs ovaires blonds
Aient des amygdales gemmeuses !

Sers-nous, ô Farceur, tu le peux,
Sur un plat de vermeil splendide
Des ragoûts de Lys sirupeux
Mordant nos cuillers Alfénide[1] !

V

Quelqu'un dira le grand Amour,
Voleur des sombres Indulgences :
Mais ni Renan, ni le chat Murr
N'ont vu les Bleus Thyrses immenses !

1. Alliage métallique imitant l'argent.

Toi, fais jouer dans nos torpeurs,
Par les parfums les hystéries ;
Exalte-nous vers des candeurs
Plus candides que les Maries...

Commerçant ! colon ! médium !
Ta Rime sourdra, rose ou blanche,
Comme un rayon de sodium,
Comme un caoutchouc qui s'épanche !

De tes noirs Poèmes, – Jongleur !
Blancs, verts, et rouges dioptriques,
Que s'évadent d'étranges fleurs
Et des papillons électriques !

Voilà ! c'est le Siècle d'enfer !
Et les poteaux télégraphiques
Vont orner, – lyre aux chants de fer,
Tes omoplates magnifiques !

Surtout, rime une version
Sur le mal des pommes de terre !
– Et, pour la composition
De Poèmes pleins de mystère
Qu'on doive lire de Tréguier
À Paramaribo, rachète
Des Tomes de Monsieur Figuier[1],
– Illustrés ! – chez Monsieur Hachette !

Alcide Bava.
A.R.
14 juillet 1871.

1. Auteur qui avait collaboré à une collection publiée chez Hachette, *Tableaux de la nature*.

LES CHERCHEUSES DE POUX

Quand le front de l'enfant, plein de rouges tourmentes,
Implore l'essaim blanc des rêves indistincts,
Il vient près de son lit deux grandes sœurs charmantes
Avec de frêles doigts aux ongles argentins.

Elles assoient l'enfant devant une croisée
Grande ouverte où l'air bleu baigne un fouillis de fleurs,
Et dans ses lourds cheveux où tombe la rosée
Promènent leurs doigts fins, terribles et charmeurs.

Il écoute chanter leurs haleines craintives
Qui fleurent de longs miels végétaux et rosés,
Et qu'interrompt parfois un sifflement, salives
Reprises sur la lèvre ou désirs de baisers.

Il entend leurs cils noirs battant sous les silences
Parfumés ; et leurs doigts électriques et doux
Font crépiter parmi ses grises indolences
Sous leurs ongles royaux la mort des petits poux.

Voilà que monte en lui le vin de la Paresse,
Soupir d'harmonica qui pourrait délirer ;
L'enfant se sent, selon la lenteur des caresses,
Sourdre et mourir sans cesse un désir de pleurer.

LE BATEAU IVRE

Comme je descendais des Fleuves impassibles,
Je ne me sentis plus guidé par les haleurs :
Des Peaux-Rouges criards les avaient pris pour cibles
Les ayant cloués nus aux poteaux de couleurs.

J'étais insoucieux de tous les équipages,
Porteur de blés flamands ou de cotons anglais.
Quand avec mes haleurs ont fini ces tapages
Les Fleuves m'ont laissé descendre où je voulais.

Dans les clapotements furieux des marées,
Moi, l'autre hiver, plus sourd que les cerveaux d'enfants,
Je courus ! Et les Péninsules démarrées
N'ont pas subi tohu-bohus plus triomphants.

La tempête a béni mes éveils maritimes.
Plus léger qu'un bouchon j'ai dansé sur les flots
Qu'on appelle rouleurs éternels de victimes,
Dix nuits, sans regretter l'œil niais des falots !

Plus douce qu'aux enfants la chair des pommes sures,
L'eau verte pénétra ma coque de sapin
Et des taches de vins bleus et des vomissures
Me lava, dispersant gouvernail et grappin.

Et dès lors, je me suis baigné dans le Poème
De la Mer, infusé d'astres, et lactescent,
Dévorant les azurs verts ; où, flottaison blême
Et ravie, un noyé pensif parfois descend ;

Où, teignant tout à coup les bleuités, délires
Et rythmes lents sous les rutilements du jour,
Plus fortes que l'alcool, plus vastes que nos lyres,
Fermentent les rousseurs amères de l'amour !

Je sais les cieux crevant en éclairs, et les trombes
Et les ressacs et les courants : je sais le soir,
L'Aube exaltée ainsi qu'un peuple de colombes,
Et j'ai vu quelquefois ce que l'homme a cru voir !

J'ai vu le soleil bas, taché d'horreurs mystiques,
Illuminant de longs figements violets,
Pareils à des acteurs de drames très-antiques
Les flots roulant au loin leurs frissons de volets !

J'ai rêvé la nuit verte aux neiges éblouies,
Baiser montant aux yeux des mers avec lenteurs,
La circulation des sèves inouïes,
Et l'éveil jaune et bleu des phosphores chanteurs !

J'ai suivi, des mois pleins, pareille aux vacheries
Hystériques, la houle à l'assaut des récifs,
Sans songer que les pieds lumineux des Maries
Pussent forcer le mufle aux Océans poussifs !

J'ai heurté, savez-vous, d'incroyables Florides
Mêlant aux fleurs des yeux de panthères à peaux
D'hommes ! Des arcs-en-ciel tendus comme des brides
Sous l'horizon des mers, à de glauques troupeaux !

J'ai vu fermenter les marais énormes, nasses
Où pourrit dans les joncs tout un Léviathan[1] !
Des écroulements d'eaux au milieu des bonaces,
Et les lointains vers les gouffres cataractant !

1. Monstre marin mythique.

Glaciers, soleils d'argent, flots nacreux, cieux de braises !
Échouages hideux au fond des golfes bruns
Où les serpents géants dévorés des punaises
Choient, des arbres tordus, avec de noirs parfums !

J'aurais voulu montrer aux enfants ces dorades
Du flot bleu, ces poissons d'or, ces poissons chantants.
– Des écumes de fleurs ont bercé mes dérades
Et d'ineffables vents m'ont ailé par instants.

Parfois, martyr lassé des pôles et des zones,
La mer dont le sanglot faisait mon roulis doux
Montait vers moi ses fleurs d'ombre aux ventouses jaunes
Et je restais, ainsi qu'une femme à genoux...

Presque île, ballottant sur mes bords les querelles
Et les fientes d'oiseaux clabaudeurs aux yeux blonds.
Et je voguais, lorsqu'à travers mes liens frêles
Des noyés descendaient dormir, à reculons !

Or moi, bateau perdu sous les cheveux des anses,
Jeté par l'ouragan dans l'éther sans oiseau,
Moi dont les Monitors[1] et les voiliers des Hanses[2]
N'auraient pas repêché la carcasse ivre d'eau ;

Libre, fumant, monté de brumes violettes,
Moi qui trouais le ciel rougeoyant comme un mur
Qui porte, confiture exquise aux bons poètes,
Des lichens de soleil et des morves d'azur,

1. Un navire américain portait le nom *Monitor.*
2. Compagnies maritimes d'Allemagne au Moyen Age.

Qui courais, taché de lunules électriques,
Planche folle, escorté des hippocampes noirs,
Quand les juillets faisaient crouler à coups de triques
Les cieux ultramarins aux ardents entonnoirs ;

Moi qui tremblais, sentant geindre à cinquante lieues
Le rut des Béhémots[1] et les Maelstroms épais,
Fileur éternel des immobilités bleues,
Je regrette l'Europe aux anciens parapets !

J'ai vu des archipels sidéraux ! et des îles
Dont les cieux délirants sont ouverts au vogueur :
– Est-ce en ces nuits sans fond que tu dors et t'exiles,
Million d'oiseaux d'or, ô future Vigueur ? –

Mais, vrai, j'ai trop pleuré ! Les Aubes sont navrantes.
Toute lune est atroce et tout soleil amer :
L'âcre amour m'a gonflé de torpeurs enivrantes.
Ô que ma quille éclate ! Ô que j'aille à la mer !

Si je désire une eau d'Europe, c'est la flache[2]
Noire et froide où vers le crépuscule embaumé
Un enfant accroupi plein de tristesses, lâche
Un bateau frêle comme un papillon de mai.

Je ne puis plus, baigné de vos langueurs, ô lames,
Enlever leur sillage aux porteurs de cotons,
Ni traverser l'orgueil des drapeaux et des flammes,
Ni nager sous les yeux horribles des pontons.

1. Démon lourd et stupide.
2. Surface d'eau.

Arthur Rimbaud, par Fantin-Latour.

BONNE PENSÉE DU MATIN

À quatre heures du matin, l'été,
Le sommeil d'amour dure encore.
Sous les bosquets l'aube évapore
L'odeur du soir fêté.

Mais là-bas dans l'immense chantier
Vers le soleil des Hespérides[1],
En bras de chemise, les charpentiers
Déjà s'agitent.

Dans leur désert de mousse, tranquilles,
Ils préparent les lambris précieux
Où la richesse de la ville
Rira sous de faux cieux.

Ah ! pour ces Ouvriers charmants
Sujets d'un roi de Babylone,
Vénus ! laisse un peu les Amants,
Dont l'âme est en couronne.

Ô Reine des Bergers !
Porte aux travailleurs l'eau-de-vie,
Pour que leurs forces soient en paix
En attendant le bain dans la mer, à midi.

Mai 1872.

1. Iles mythiques.

CHANSON DE LA PLUS HAUTE TOUR

Oisive jeunesse
À tout asservie,
Par délicatesse
J'ai perdu ma vie.
Ah ! Que le temps vienne
Où les cœurs s'éprennent.

Je me suis dit : laisse,
Et qu'on ne te voie :
Et sans la promesse
De plus hautes joies.
Que rien ne t'arrête
Auguste retraite.

J'ai tant fait patience
Qu'à jamais j'oublie ;
Craintes et souffrances
Aux cieux sont parties.
Et la soif malsaine
Obscurcit mes veines.

Ainsi la Prairie
À l'oubli livrée,
Grandie, et fleurie
D'encens et d'ivraies
Au bourdon farouche
De cent sales mouches.

Ah ! Mille veuvages
De la si pauvre âme
Qui n'a que l'image
De la Notre-Dame !
Est-ce que l'on prie
La Vierge Marie ?

Oisive jeunesse
À tout asservie,
Par délicatesse
J'ai perdu ma vie.
Ah ! Que le temps vienne
Où les cœurs s'éprennent !

Mai 1872.

L'ÉTERNITÉ

Elle est retrouvée.
Quoi ? — L'Éternité.
C'est la mer allée
Avec le soleil.

Âme sentinelle,
Murmurons l'aveu
De la nuit si nulle
Et du jour en feu.

Des humains suffrages,
Des communs élans
Là tu te dégages
Et voles selon.

Puisque de vous seules,
Braises de satin,
Le Devoir s'exhale
Sans qu'on dise : enfin.

Là pas d'espérance,
Nul orietur.
Science avec patience,
Le supplice est sûr.

Elle est retrouvée.
Quoi ? — L'Éternité.
C'est la mer allée
Avec le soleil.

Mai 1872.

MICHEL ET CHRISTINE

Zut alors si le soleil quitte ces bords !
Fuis, clair déluge ! Voici l'ombre des routes.
Dans les saules, dans la vieille cour d'honneur
L'orage d'abord jette ses larges gouttes.

Ô cent agneaux, de l'idylle soldats blonds,
Des aqueducs, des bruyères amaigries,
Fuyez ! plaine, déserts, prairie, horizons
Sont à la toilette rouge de l'orage !

Chien noir, brun pasteur dont le manteau s'engouffre,
Fuyez l'heure des éclairs supérieurs ;
Blond troupeau, quand voici nager ombre et soufre,
Tâchez de descendre à des retraits meilleurs.

Mais moi, Seigneur ! voici que mon Esprit vole,
Après les cieux glacés de rouge, sous les
Nuages célestes qui courent et volent
Sur cent Solognes longues comme un railway.

Voilà mille loups, mille graines sauvages
Qu'emporte, non sans aimer les liserons,
Cette religieuse après-midi d'orage
Sur l'Europe ancienne où cent hordes iront !

Après, le clair de lune ! partout la lande,
Rougis et leurs fronts aux cieux noirs, les guerriers
Chevauchent lentement leurs pâles coursiers !
Les cailloux sonnent sous cette fière bande !

– Et verrai-je le bois jaune et le val clair,
L'Épouse aux yeux bleus, l'homme au front rouge, – ô Gaule,
Et le blanc agneau Pascal, à leurs pieds chers,
– Michel et Christine, – et Christ ! – fin de l'Idylle.

HONTE

Tant que la lame n'aura
Pas coupé cette cervelle,
Ce paquet blanc vert et gras
À vapeur jamais nouvelle,

(Ah ! Lui, devrait couper son
Nez, sa lèvre, ses oreilles,
Son ventre ! et faire abandon
De ses jambes ! ô merveille !)

Mais, non, vrai, je crois que tant
Que pour sa tête la lame
Que les cailloux pour son flanc
Que pour ses boyaux la flamme

N'auront pas agi, l'enfant
Gêneur, la si sotte bête,
Ne doit cesser un instant
De ruser et d'être traître

Comme un chat des Monts-Rocheux ;
D'empuantir toutes sphères !
Qu'à sa mort pourtant, ô mon Dieu !
S'élève quelque prière !

Ô saisons, ô châteaux
Quelle âme est sans défauts ?

Ô saisons, ô châteaux,

J'ai fait la magique étude
Du Bonheur, que nul n'élude.

Ô vive lui, chaque fois
Que chante son coq gaulois.

Mais ! je n'aurai plus d'envie,
Il s'est chargé de ma vie.

Ce Charme ! il prit âme et corps,
Et dispersa tous efforts.

Que comprendre à ma parole ?
Il fait qu'elle fuie et vole !

Ô saisons, ô châteaux !

[Et, si le malheur m'entraîne,
Sa disgrâce m'est certaine.

Il faut que son dédain, las !
Me livre au plus prompt trépas !

— Ô Saisons, ô Châteaux !]

Rimbaud, vu par Forain.

Roche, par P. Berrichon.

Maison de Rimbaud, rue Campagne-Première à Paris, par M. Parturier.

LES DÉSERTS DE L'AMOUR

C'est certes la même campagne. La même maison rustique de mes parents : la salle même où les dessus de porte sont des bergeries roussies, avec des armes et des lions. Au dîner, il y a un salon, avec des bougies et des vins et des boiseries rustiques. La table à manger est très-grande. Les servantes ! Elles étaient plusieurs, autant que je m'en suis souvenu. — Il y avait là un de mes jeunes amis anciens, prêtre et vêtu en prêtre, maintenant : c'était pour être plus libre. Je me souviens de sa chambre de pourpre, à vitres de papier jaune : et ses livres, cachés, qui avaient trempé dans l'océan !

Moi j'étais abandonné, dans cette maison de campagne sans fin : lisant dans la cuisine, séchant la boue de mes habits devant les hôtes, aux conversations du salon : ému jusqu'à la mort par le murmure du lait du matin et de la nuit du siècle dernier.

J'étais dans une chambre très sombre : que faisais-je ? Une servante vint près de moi : je puis dire que c'était un petit chien : quoiqu'elle fût belle, et d'une noblesse maternelle inexprimable pour moi : pure, connue, toute charmante ! Elle me pinça le bras.

Je ne me rappelle même plus bien sa figure : ce n'est pas pour me rappeler son bras, dont je roulai la peau dans mes deux doigts : ni sa bouche, que la mienne saisit comme une petite vague désespérée, minant sans fin quelque chose. Je la renversai dans une corbeille de coussins et de toiles de navire, en un coin noir. Je ne me rappelle plus que son pantalon à dentelles blanches. — Puis, ô désespoir, la cloison devint vaguement l'ombre des arbres, et je me suis abîmé sous la tristesse amoureuse de la nuit.

Ébauches (Illuminations)

Cette fois, c'est la Femme que j'ai vue dans la ville, et à qui j'ai parlé et qui me parle.

J'étais dans une chambre sans lumière. On vint me dire qu'elle était chez moi : et je la vis dans mon lit, toute à moi, sans lumière ! Je fus très ému, et beaucoup parce que c'était la maison de famille : aussi une détresse me prit ! j'étais en haillons, moi, et elle, mondaine, qui se donnait ; il lui fallait s'en aller ! Une détresse sans nom, je la pris, et la laissai tomber hors du lit, presque nue ; et dans ma faiblesse indicible, je tombai sur elle et me traînai avec elle parmi les tapis sans lumière. La lampe de la famille rougissait l'une après l'autre les chambres voisines. Alors la femme disparut. Je versai plus de larmes que Dieu n'en a pu jamais demander.

Je sortis dans la ville sans fin. Ô Fatigue ! Noyé dans la nuit sourde et dans la fuite du bonheur. C'était comme une nuit d'hiver, avec une neige pour étouffer le monde décidément. Les amis auxquels je criais : où reste-t-elle, répondaient faussement. Je fus devant les vitrages de là où elle va tous les soirs : je courais dans un jardin enseveli. On m'a repoussé. Je pleurais énormément, à tout cela. Enfin je suis descendu dans un lieu plein de poussière, et assis sur des charpentes, j'ai laissé finir toutes les larmes de mon corps avec cette nuit. — Et mon épuisement me revenait pourtant toujours.

J'ai compris qu'elle était à sa vie de tous les jours ; et que le tour de bonté serait plus long à se reproduire qu'une étoile. Elle n'est pas revenue, et ne reviendra jamais, l'Adorable qui s'était rendue chez moi, — ce que je n'aurais jamais présumé. — Vrai, cette fois, j'ai pleuré plus que tous les enfants du monde.

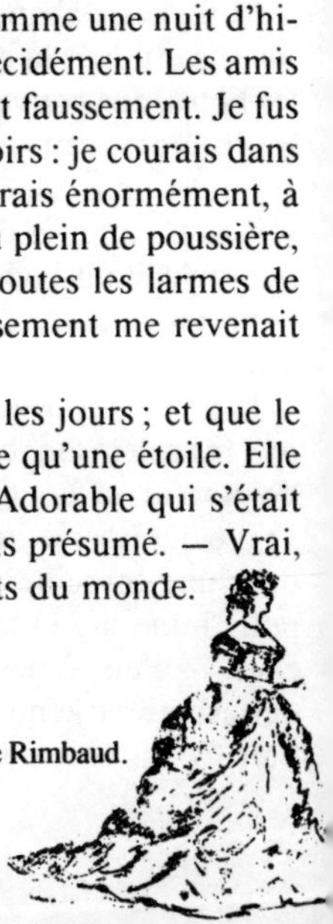

Dessin de Rimbaud.

Album zutique

J'occupais un wagon de troisième : un vieux prêtre
Sortit un brûle-gueule et mit à la fenêtre,
Vers les brises, son front très calme aux poils pâlis.
Puis ce chrétien, bravant les brocards impolis,
S'étant tourné, me fit la demande énergique
Et triste en même temps d'une petite chique
De caporal, — ayant été l'aumônier chef
D'un rejeton royal condamné derechef ; —
Pour malaxer l'ennui d'un tunnel, sombre veine
Qui s'offre aux voyageurs, près Soissons, ville d'Aisne.

Dessins de Rimbaud
pour l'« Album Zutique ».

Lettre illustrée de Rimbaud à E. Delahaye (mai 1873).

Une saison en enfer

« Jadis, si je me souviens bien, ma vie était un festin où s'ouvraient les cœurs, où tous les vins coulaient.

Un soir, j'ai assis la Beauté sur mes genoux. — Et je l'ai trouvée amère. — Et je l'ai injuriée.

Je me suis armé contre la justice.

Je me suis enfui. Ô sorcières, ô misère, ô haine, c'est à vous que mon trésor a été confié !

Je parvins à faire s'évanouir dans mon esprit toute l'espérance humaine. Sur toute joie pour l'étrangler j'ai fait le bond sourd de la bête féroce.

J'ai appelé les bourreaux pour, en périssant, mordre la crosse de leurs fusils. J'ai appelé les fléaux, pour m'étouffer avec le sable, le sang. Le malheur a été mon dieu. Je me suis allongé dans la boue. Je me suis séché à l'air du crime. Et j'ai joué de bons tours à la folie.

Et le printemps m'a apporté l'affreux rire de l'idiot.

Or, tout dernièrement m'étant trouvé sur le point de faire le dernier *couac !* j'ai songé à rechercher la clef du festin ancien, où je reprendrais peut-être appétit.

La charité est cette clef. — Cette inspiration prouve que j'ai rêvé !

« Tu resteras hyène, etc... », se récrie le démon qui me couronna de si aimables pavots. « Gagne la mort avec tous tes appétits, et ton égoïsme et tous les péchés capitaux. »

Ah ! j'en ai trop pris : — Mais, cher Satan, je vous en conjure, une prunelle moins irritée ! et en attendant les quelques petites lâchetés en retard, vous qui aimez dans l'écrivain l'absence des facultés descriptives ou instructives, je vous détache ces quelques hideux feuillets de mon carnet de damné.

MAUVAIS SANG

(extraits)

J'ai de mes ancêtres gaulois l'œil bleu blanc, la cervelle étroite, et la maladresse dans la lutte. Je trouve mon habillement aussi barbare que le leur. Mais je ne beurre pas ma chevelure.

Les Gaulois étaient les écorcheurs de bêtes, les brûleurs d'herbes les plus ineptes de leur temps.

D'eux, j'ai : l'idolâtrie et l'amour du sacrilège ; – oh ! tous les vices, colère, luxure, – magnifique, la luxure ; – surtout mensonge et paresse.

J'ai horreur de tous les métiers. Maîtres et ouvriers, tous paysans, ignobles. La main à plume vaut la main à charrue. – Quel siècle à mains ! – Je n'aurai jamais ma main. Après, la domesticité mène trop loin. L'honnêteté de la mendicité me navre. Les criminels dégoûtent comme des châtrés : moi, je suis intact, et ça m'est égal.

Mais ! qui a fait ma langue perfide tellement, qu'elle ait guidé et sauvegardé jusqu'ici ma paresse ? Sans me servir pour vivre même de mon corps, et plus oisif que le crapaud, j'ai vécu partout. Pas une famille d'Europe que je ne connaisse. – J'entends des familles comme la mienne, qui tiennent tout de la déclaration des Droits de l'Homme. – J'ai connu chaque fils de famille !

Si j'avais des antécédents à un point quelconque de l'histoire de France !

Mais non, rien.

Il m'est bien évident que j'ai toujours été race inférieure. Je ne puis comprendre la révolte. Ma race ne se souleva jamais que pour piller : tels les loups à la bête qu'ils n'ont pas tuée.

Une saison en enfer

Je me rappelle l'histoire de la France fille aînée de l'Église. J'aurais fait, manant, le voyage de terre sainte ; j'ai dans la tête des routes dans les plaines souabes, des vues de Byzance, des remparts de Solyme ; le culte de Marie, l'attendrissement sur le crucifié s'éveillent en moi parmi mille féeries profanes. — Je suis assis, lépreux, sur les pots cassés et les orties, au pied d'un mur rongé par le soleil. — Plus tard, reître, j'aurais bivaqué sous les nuits d'Allemagne.

Ah ! encore : je danse le sabbat dans une rouge clairière, avec des vieilles et des enfants.

Je ne me souviens pas plus loin que cette terre-ci et le christianisme. Je n'en finirais pas de me revoir dans ce passé. Mais toujours seul ; sans famille ; même, quelle langue parlais-je ? Je ne me vois jamais dans les conseils du Christ ; ni dans les conseils des Seigneurs, — représentants du Christ.

Qu'étais-je au siècle dernier : je ne me retrouve qu'aujourd'hui. Plus de vagabonds, plus de guerres vagues. La race inférieure a tout couvert — le peuple, comme on dit, la raison ; la nation et la science.

Oh ! la science ! On a tout repris. Pour le corps et pour l'âme, — le viatique, — on a la médecine et la philosophie, — les remèdes de bonnes femmes et les chansons populaires arrangées. Et les divertissements des princes et les jeux qu'ils interdisaient ! Géographie, cosmographie, mécanique, chimie !...

La science, la nouvelle noblesse ! Le progrès. Le monde marche ! Pourquoi ne tournerait-il pas ?

C'est la vision des nombres. Nous allons à l'*Esprit*. C'est très-certain, c'est oracle, ce que je dis. Je comprends, et ne sachant m'expliquer sans paroles païennes, je voudrais me taire.

Le sang païen revient ! L'Esprit est proche, pourquoi Christ ne m'aide-t-il pas, en donnant à mon âme noblesse et liberté. Hélas ! l'Évangile a passé ! l'Évangile ! l'Évangile.

J'attends Dieu avec gourmandise. Je suis de race inférieure de toute éternité.

Une saison en enfer

Me voici sur la plage armoricaine. Que les villes s'allument dans le soir. Ma journée est faite ; je quitte l'Europe. L'air marin brûlera mes poumons ; les climats perdus me tanneront. Nager, broyer l'herbe, chasser, fumer surtout ; boire des liqueurs fortes comme du métal bouillant, — comme faisaient ces chers ancêtres autour des feux.

Je reviendrai, avec des membres de fer, la peau sombre, l'œil furieux : sur mon masque, on me jugera d'une race forte. J'aurai de l'or : je serai oisif et brutal. Les femmes soignent ces féroces infirmes retour des pays chauds. Je serai mêlé aux affaires politiques. Sauvé.

Maintenant je suis maudit, j'ai horreur de la patrie. Le meilleur, c'est un sommeil bien ivre, sur la grève. (...)

Encore tout enfant, j'admirais le forçat intraitable sur qui se referme toujours le bagne ; je visitais les auberges et les garnis qu'il aurait sacrés par son séjour ; je voyais *avec son idée* le ciel bleu et le travail fleuri de la campagne ; je flairais sa fatalité dans les villes. Il avait plus de force qu'un saint, plus de bon sens qu'un voyageur — et lui, lui seul ! pour témoin de sa gloire et de sa raison.

Sur les routes, par des nuits d'hiver, sans gîte, sans habits, sans pain, une voix étreignait mon cœur gelé : « Faiblesse ou force : te voilà, c'est la force. Tu ne sais ni où tu vas ni pourquoi tu vas, entre partout, réponds à tout. On ne te tuera pas plus que si tu étais cadavre. » Au matin j'avais le regard si perdu et la contenance si morte, que ceux que j'ai rencontrés *ne m'ont peut-être pas vu.*

Dans les villes la boue m'apparaissait soudainement rouge et noire, comme une glace quand la lampe circule dans la chambre voisine, comme un trésor dans la forêt ! Bonne chance, criais-je, et je voyais une mer de flammes et de fumée au ciel ; et, à gauche, à droite, toutes les richesses flambant comme un milliard de tonnerres.

Mais l'orgie et la camaraderie des femmes m'étaient interdites. Pas même un compagnon. Je me voyais devant une foule exaspérée, en face du peloton d'exécution, pleurant du malheur qu'ils n'aient pu comprendre, et pardonnant ! — Comme Jeanne d'Arc ! — « Prêtres, professeurs, maîtres, vous vous trompez en me livrant à la justice. Je n'ai jamais été de ce peuple-ci ; je n'ai jamais été chrétien ; je suis de la race qui chantait dans le supplice ; je ne comprends pas les lois ; je n'ai pas le sens moral, je suis une brute : vous vous trompez... »

Oui, j'ai les yeux fermés à votre lumière. Je suis une bête, un nègre. Mais je puis être sauvé. Vous êtes de faux nègres, vous maniaques, féroces, avares. Marchand, tu es nègre ; magistrat, tu es nègre ; général, tu es nègre ; empereur, vieille démangeaison, tu es nègre : tu as bu d'une liqueur non taxée, de la fabrique de Satan. — Ce peuple est inspiré par la fièvre et le cancer. Infirmes et vieillards sont tellement respectables qu'ils demandent à être bouillis. — Le plus malin est de quitter ce continent, où la folie rôde pour pourvoir d'otages ces misérables. J'entre au vrai royaume des enfants de Cham.

Connais-je encore la nature ? me connais-je ? — *Plus de mots.* J'ensevelis les morts dans mon ventre. Cris, tambour, danse, danse, danse, danse ! Je ne vois même pas l'heure où, les blancs débarquant, je tomberai au néant.

Faim, soif, cris, danse, danse, danse, danse ! (...)

L'ennui n'est plus mon amour. Les rages, les débauches, la folie, dont je sais tous les élans et les désastres, — tout mon fardeau est déposé. Apprécions sans vertige l'étendue de mon innocence.

Je ne serais plus capable de demander le réconfort d'une bastonnade. Je ne me crois pas embarqué pour une noce avec Jésus-Christ pour beau-père.

Je ne suis pas prisonnier de ma raison. J'ai dit : Dieu. Je veux la liberté dans le salut : comment la poursuivre ? Les goûts frivoles m'ont quitté. Plus besoin de dévouement ni d'amour divin. Je ne regrette pas le siècle des cœurs sensibles. Chacun a sa raison, mépris et charité : je retiens ma place au sommet de cette angélique échelle de bon sens.

Quant au bonheur établi, domestique ou non... non, je ne peux pas. Je suis trop dissipé, trop faible. La vie fleurit par le travail, vieille vérité : moi, ma vie n'est pas assez pesante, elle s'envole et flotte loin au-dessus de l'action, ce cher point du monde.

Comme je deviens vieille fille, à manquer du courage d'aimer la mort !

Si Dieu m'accordait le calme céleste, aérien, la prière, — comme les anciens saints. — Les saints ! des forts ! les anachorètes, des artistes comme il n'en faut plus !

Farce continuelle ! Mon innocence me ferait pleurer. La vie est la farce à mener par tous.

Assez ! voici la punition. — *En marche !*

Ah ! les poumons brûlent, les tempes grondent ! la nuit roule dans mes yeux, par ce soleil ! le cœur... les membres...

Où va-t-on ? au combat ? Je suis faible ! les autres avancent. Les outils, les armes... le temps !...

Feu ! feu sur moi ! Là ! ou je me rends. — Lâches ! — Je me tue ! Je me jette aux pieds des chevaux !

Ah !...

— Je m'y habituerai.

Ce serait la vie française, le sentier de l'honneur !

NUIT DE L'ENFER

(extrait)

J'ai avalé une fameuse gorgée de poison. — Trois fois béni soit le conseil qui m'est arrivé ! — Les entrailles me brûlent. La violence du venin tord mes membres, me rend difforme, me terrasse. Je meurs de soif, j'étouffe, je ne puis crier. C'est l'enfer, l'éternelle peine ! Voyez comme le feu se relève ! Je brûle comme il faut. Va, démon !

J'avais entrevu la conversion au bien et au bonheur, le salut. Puis-je décrire la vision, l'air de l'enfer ne souffre pas les hymnes ! C'était des millions de créatures charmantes, un suave concert spirituel, la force et la paix, les nobles ambitions, que sais-je ?

Les nobles ambitions !

Et c'est encore la vie ! — Si la damnation est éternelle ! Un homme qui veut se mutiler est bien damné, n'est-ce pas ? Je me crois en enfer, donc j'y suis. C'est l'exécution du catéchisme. Je suis esclave de mon baptême. Parents, vous avez fait mon malheur et vous avez fait le vôtre. Pauvre innocent ! — L'enfer ne peut attaquer les païens. — C'est la vie encore ! Plus tard, les délices de la damnation seront plus profondes. Un crime, vite, que je tombe au néant, de par la loi humaine.

Tais-toi, mais tais-toi !... C'est la honte, le reproche, ici : Satan qui dit que le feu est ignoble, que ma colère est affreusement sotte. — Assez !... Des erreurs qu'on me souffle, magies, parfums faux, musiques puériles. — Et dire que je tiens la vérité, que je vois la justice : j'ai un jugement sain et arrêté, je suis prêt pour la perfection... Orgueil. — La peau de ma tête se dessèche. Pitié ! Seigneur, j'ai peur. J'ai soif, si soif ! Ah ! l'enfance, l'herbe, la pluie, le lac sur les pierres, *le clair de lune quand le clocher sonnait douze*... le diable est au clocher, à cette heure. Marie ! Sainte-Vierge !... — Horreur de ma bêtise.

Là-bas, ne sont-ce pas des âmes honnêtes, qui me veulent du

bien... Venez... J'ai un oreiller sur la bouche, elles ne m'entendent pas, ce sont des fantômes. Puis, jamais personne ne pense à autrui. Qu'on n'approche pas. Je sens le roussi, c'est certain.

Les hallucinations sont innombrables. C'est bien ce que j'ai toujours eu : plus de foi en l'histoire, l'oubli des principes. Je m'en tairai : poètes et visionnaires seraient jaloux. Je suis mille fois le plus riche, soyons avare comme la mer.

Ah çà ! l'horloge de la vie s'est arrêtée tout à l'heure... Je ne suis plus au monde. — La théologie est sérieuse, l'enfer est certainement *en bas* — et le ciel en haut. — Extase, cauchemar, sommeil dans un nid de flammes. (...)

Roche.

DÉLIRES

I

VIERGE FOLLE

L'ÉPOUX INFERNAL
(extrait)

Écoutons la confession d'un compagnon d'enfer :

« Ô divin Époux, mon Seigneur, ne refusez pas la confession de la plus triste de vos servantes. Je suis perdue. Je suis soûle. Je suis impure. Quelle vie !

« Pardon, divin Seigneur, pardon ! Ah ! pardon ! Que de larmes ! Et que de larmes encore plus tard, j'espère !

« Plus tard, je connaîtrai le divin Époux ! Je suis née soumise à Lui. — L'autre peut me battre maintenant !

« À présent, je suis au fond du monde ! Ô mes amies !... non, pas mes amies... Jamais délires ni tortures semblables... Est-ce bête !

« Ah ! je souffre, je crie. Je souffre vraiment. Tout pourtant m'est permis, chargée du mépris des plus méprisables cœurs.

« Enfin, faisons cette confidence, quitte à la répéter vingt autres fois, — aussi morne, aussi insignifiante !

« Je suis esclave de l'Époux infernal, celui qui a perdu les vierges folles. C'est bien ce démon-là. Ce n'est pas un spectre, ce n'est pas un fantôme. Mais moi qui ai perdu la sagesse, qui suis damnée et morte au monde, — on ne me tuera pas ! — Comment vous le décrire ! Je ne sais même plus parler. Je suis en deuil, je pleure, j'ai peur. Un peu de fraîcheur, Seigneur, si vous voulez, si vous voulez bien !

« Je suis veuve... — J'étais veuve... — mais oui, j'ai été bien sérieuse jadis, et je ne suis pas née pour devenir squelette !... — Lui était presque un enfant... Ses délicatesses mystérieuses m'avaient séduite. J'ai oublié tout mon devoir humain pour le suivre. Quelle vie ! La vraie vie est absente. Nous ne sommes pas au monde. Je vais où il va, il le faut. Et souvent il s'emporte contre moi, *moi, la pauvre âme.* Le Démon ! — C'est un Démon, vous savez, *ce n'est pas un homme.*

« Il dit : "Je n'aime pas les femmes. L'amour est à réinventer, on le sait. Elles ne peuvent plus que vouloir une position assurée. La position gagnée, cœur et beauté sont mis de côté : il ne reste que froid dédain, l'aliment du mariage, aujourd'hui. Ou bien je vois des femmes, avec les signes du bonheur, dont, moi, j'aurais pu faire de bonnes camarades, dévorées tout d'abord par des brutes sensibles comme des bûchers..."

« Je l'écoute faisant de l'infamie une gloire, de la cruauté un charme. "Je suis de race lointaine : mes pères étaient Scandinaves : ils se perçaient les côtes, buvaient leur sang. — Je me ferai des entailles partout le corps, je me tatouerai, je veux devenir hideux comme un Mongol : tu verras, je hurlerai dans les rues. Je veux devenir bien fou de rage. Ne me montre jamais de bijoux, je ramperais et me tordrais sur le tapis. Ma richesse, je la voudrais tachée de sang partout. Jamais je ne travaillerai..." Plusieurs nuits, son démon me saisissant, nous nous roulions, je luttais avec lui ! — Les nuits, souvent, ivre, il se poste dans des rues ou dans des maisons, pour m'épouvanter mortellement. — "On me coupera vraiment le cou ; ce sera dégoûtant." Oh ! ces jours où il veut marcher avec l'air du crime !

« Parfois il parle, en une façon de patois attendri, de la mort qui fait repentir, des malheureux qui existent certainement, des travaux pénibles, des départs qui déchirent les cœurs. Dans les bouges où nous nous enivrions, il pleurait en considérant ceux qui nous entouraient, bétail de la misère. Il relevait les ivrognes dans les rues noires. Il avait la pitié d'une mère méchante pour les petits enfants. — Il s'en allait avec des gentillesses de petite fille au catéchisme. — Il feignait d'être éclairé sur tout, commerce, art, médecine. — Je le suivais, il le faut !

« Je voyais tout le décor dont, en esprit, il s'entourait ; vêtements, draps, meubles : je lui prêtais des armes, une autre figure. Je voyais tout ce qui le touchait, comme il aurait voulu le créer pour lui. Quand il me semblait avoir l'esprit inerte, je le suivais, moi, dans des actions étranges et compliquées, loin, bonnes ou mauvaises : j'étais sûre de ne jamais entrer dans son monde. À côté de son cher corps endormi, que d'heures des nuits j'ai veillé, cherchant pourquoi il voulait tant s'évader de la réalité. Jamais homme n'eut pareil vœu. Je reconnaissais, — sans craindre pour lui, — qu'il pouvait être un sérieux danger dans la société. Il a peut-être des secrets pour *changer la vie ?* Non, il ne fait qu'en chercher, me répliquais-je. Enfin sa charité est ensorcelée, et j'en suis la prisonnière. (...)

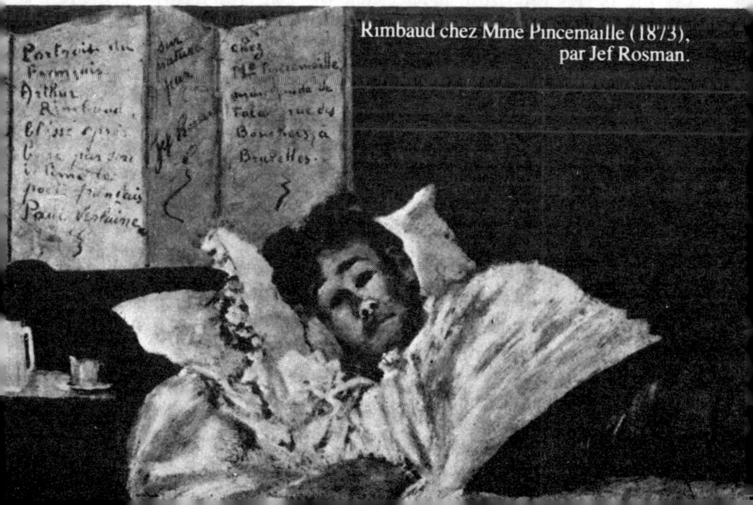

Rimbaud chez Mme Pincemaille (1873), par Jef Rosman.

II

ALCHIMIE DU VERBE

(extrait)

À moi. L'histoire d'une de mes folies.

Depuis longtemps je me vantais de posséder tous les paysages possibles, et je trouvais dérisoires les célébrités de la peinture et de la poésie moderne.

J'aimais les peintures idiotes, dessus de portes, décors, toiles de saltimbanques, enseignes, enluminures populaires ; la littérature démodée, latin d'église, livres érotiques sans orthographe, romans de nos aïeules, contes de fées, petits livres de l'enfance, opéras vieux, refrains niais, rythmes naïfs.

Je rêvais croisades, voyages de découvertes dont on n'a pas de relations, républiques sans histoires, guerres de religion étouffées, révolutions de mœurs, déplacements de races et de continents : je croyais à tous les enchantements.

J'inventai la couleur des voyelles ! — *A* noir, *E* blanc, *I* rouge, *O* bleu, *U* vert. — Je réglai la forme et le mouvement de chaque consonne, et, avec des rhythmes instinctifs, je me flattai d'inventer un verbe poétique accessible, un jour ou l'autre, à tous les sens. Je réservais la traduction.

Ce fut d'abord une étude. J'écrivais des silences, des nuits, je notais l'inexprimable. Je fixais des vertiges. (...)

La vieillerie poétique avait une bonne part dans mon alchimie du verbe.

Je m'habituai à l'hallucination simple : je voyais très franchement une mosquée à la place d'une usine, une école de tambours faite par des anges, des calèches sur les routes du ciel, un salon au fond d'un lac ; les monstres, les mystères ; un titre de vaudeville dressait des épouvantes devant moi.

Puis j'expliquai mes sophismes magiques avec l'hallucination des mots !

Je finis par trouver sacré le désordre de mon esprit. J'étais oisif, en proie à une lourde fièvre : j'enviais la félicité des bêtes, — les chenilles, qui représentent l'innocence des limbes, les taupes, le sommeil de la virginité !

Mon caractère s'aigrissait. Je disais adieu au monde dans d'espèces de romances (...).

Je devins un opéra fabuleux : je vis que tous les êtres ont une fatalité de bonheur : l'action n'est pas la vie, mais une façon de gâcher quelque force, un énervement. La morale est la faiblesse de la cervelle.

À chaque être, plusieurs *autres* vies me semblaient dues. Ce monsieur ne sait ce qu'il fait : il est un ange. Cette famille est une nichée de chiens. Devant plusieurs hommes, je causai tout haut avec un moment d'une de leurs autres vies. — Ainsi, j'ai aimé un porc.

Aucun des sophismes de la folie, — la folie qu'on enferme, — n'a été oublié par moi : je pourrais les redire tous, je tiens le système.

Ma santé fut menacée. La terreur venait. Je tombais dans des sommeils de plusieurs jours, et, levé, je continuais les rêves les plus tristes. J'étais mûr pour le trépas, et par une route de dangers ma faiblesse me menait aux confins du monde et de la Cimmérie[1], patrie de l'ombre et des tourbillons.

Je dus voyager, distraire les enchantements assemblés sur mon cerveau. Sur la mer, que j'aimais comme si elle eût dû me laver d'une souillure, je voyais se lever la croix consolatrice. J'avais été damné par l'arc-en-ciel. Le Bonheur était ma fatalité, mon remords, mon ver : ma vie serait toujours trop immense pour être dévouée à la force et à la beauté.

1. Contrée chimérique.

Le Bonheur ! Sa dent, douce à la mort, m'avertissait au chant du coq, — *ad matutinum,* au *Christus venit,* —dans les plus sombres villes :

Ô saisons, ô châteaux !
Quelle âme est sans défauts ?

J'ai fait la magique étude
Du bonheur, qu'aucun n'élude.

Salut à lui, chaque fois
Que chante le coq gaulois.

Ah ! je n'aurai plus d'envie :
Il s'est chargé de ma vie.

Ce charme a pris âme et corps
Et dispersé les efforts.
Ô saisons, ô châteaux !

L'heure de sa fuite, hélas !
Sera l'heure du trépas.

Ô saisons, ô châteaux !

Cela s'est passé. Je sais aujourd'hui saluer la beauté.

MATIN

N'eus-je pas *une fois* une jeunesse aimable, héroïque, fabuleuse, à écrire sur des feuilles d'or, — trop de chance ! Par quel crime, par quelle erreur, ai-je mérité ma faiblesse actuelle ? Vous qui prétendez que des bêtes poussent des sanglots de chagrin, que des malades désespèrent, que des morts rêvent mal, tâchez de raconter ma chute et mon sommeil. Moi, je ne puis pas plus m'expliquer que le mendiant avec ses continuels *Pater* et *Ave Maria. Je ne sais plus parler !*

Pourtant, aujourd'hui, je crois avoir fini la relation de mon enfer. C'était bien l'enfer ; l'ancien, celui dont le fils de l'homme ouvrit les portes.

Du même désert, à la même nuit, toujours mes yeux las se réveillent à l'étoile d'argent, toujours, sans que s'émeuvent les Rois de la vie, les trois mages, le cœur, l'âme, l'esprit. Quand irons-nous, par-delà les grèves et les monts, saluer la naissance du travail nouveau, la sagesse nouvelle, la fuite des tyrans et des démons, la fin de la superstition, adorer —les premiers !— Noël sur la terre !

Le chant des cieux, la marche des peuples ! Esclaves, ne maudissons pas la vie.

ADIEU

L'automne déjà ! – Mais pourquoi regretter un éternel soleil, si nous sommes engagés à la découverte de la clarté divine, – loin des gens qui meurent sur les saisons.

L'automne. Notre barque élevée dans les brumes immobiles tourne vers le port de la misère, la cité énorme au ciel taché de feu et de boue. Ah ! les haillons pourris, le pain trempé de pluie, l'ivresse, les mille amours qui m'ont crucifié ! Elle ne finira donc point cette goule reine de millions d'âmes et de corps morts *et qui seront jugés !* Je me revois la peau rongée par la boue et la peste, des vers plein les cheveux et les aisselles et encore de plus gros vers dans le cœur, étendu parmi les inconnus sans âge, sans sentiment... J'aurais pu y mourir... L'affreuse évocation ! J'exècre la misère.

Et je redoute l'hiver parce que c'est la saison du comfort !

— Quelquefois je vois au ciel des plages sans fin couvertes de blanches nations en joie. Un grand vaisseau d'or, au-dessus de moi, agite ses pavillons multicolores sous les brises du matin. J'ai créé toutes les fêtes, tous les triomphes, tous les drames. J'ai essayé d'inventer de nouvelles fleurs, de nouveaux astres, de nouvelles chairs, de nouvelles langues. J'ai cru acquérir des pouvoirs surnaturels. Eh bien ! Je dois enterrer mon imagination et mes souvenirs ! Une belle gloire d'artiste et de conteur emportée !

Moi ! moi qui me suis dit mage ou ange, dispensé de toute morale, je suis rendu au sol, avec un devoir à chercher, et la réalité rugueuse à étreindre ! Paysan !

Suis-je trompé ? la charité serait-elle sœur de la mort, pour moi ?

Enfin, je demanderai pardon pour m'être nourri de mensonge. Et allons.

Mais pas une main amie ! et où puiser le secours ?

Oui, l'heure nouvelle est au moins très sévère.

Car je puis dire que la victoire m'est acquise : les grincements de dents, les sifflements de feu, les soupirs empestés se modèrent. Tous les souvenirs immondes s'effacent. Mes derniers regrets détalent, — des jalousies pour les mendiants, les brigands, les amis de la mort, les arriérés de toutes sortes. — Damnés, si je me vengeais !

Il faut être absolument moderne.

Point de cantiques : tenir le pas gagné. Dure nuit ! le sang séché fume sur ma face, et je n'ai rien derrière moi, que cet horrible arbrisseau !... Le combat spirituel est aussi brutal que la bataille d'hommes ; mais la vision de la justice est le plaisir de Dieu seul.

Cependant c'est la veille. Recevons tous les influx de vigueur et de tendresse réelle. Et à l'aurore, armés d'une ardente patience, nous entrerons aux splendides villes.

Que parlais-je de main amie ! Un bel avantage, c'est que je puis rire des vieilles amours mensongères, et frapper de honte ces couples menteurs, — j'ai vu l'enfer des femmes là-bas ; — et il me sera loisible de *posséder la vérité dans une âme et un corps.*

Avril-août, 1873.

A RIMBAU

CONTE

Un Prince était vexé de ne s'être employé jamais qu'à la perfection des générosités vulgaires. Il prévoyait d'étonnantes révolutions de l'amour, et soupçonnait ses femmes de pouvoir mieux que cette complaisance agrémentée de ciel et de luxe. Il voulait voir la vérité, l'heure du désir et de la satisfaction essentiels. Que ce fût ou non une aberration de piété, il voulut. Il possédait au moins un assez large pouvoir humain.

Toutes les femmes qui l'avaient connu furent assassinées. Quel saccage du jardin de la beauté ! Sous le sabre, elles le bénirent. Il n'en commanda point de nouvelles. — Les femmes réapparurent.

Il tua tous ceux qui le suivaient, après la chasse ou les libations. — Tous le suivaient.

Il s'amusa à égorger les bêtes de luxe. Il fit flamber les palais. Il se ruait sur les gens et les taillait en pièces. — La foule, les toits d'or, les belles bêtes existaient encore.

Peut-on s'extasier dans la destruction, se rajeunir par la cruauté ! Le peuple ne murmura pas. Personne n'offrit le concours de ses vues.

Un soir il galopait fièrement. Un Génie apparut, d'une beauté ineffable, inavouable même. De sa physionomie et de son maintien ressortait la promesse d'un amour multiple et complexe ! d'un bonheur indicible, insupportable même ! Le Prince et le Génie s'anéantirent probablement dans la santé essentielle. Comment n'auraient-ils pas pu en mourir ? Ensemble donc ils moururent.

Mais ce Prince décéda, dans son palais, à un âge ordinaire. Le Prince était le Génie. Le Génie était le Prince.

La musique savante manque à notre désir.

VIES

I

Ô les énormes avenues du pays saint, les terrasses du temple ! Qu'a-t-on fait du brahmane qui m'expliqua les Proverbes ? D'alors, de là-bas, je vois encore même les vieilles ! Je me souviens des heures d'argent et de soleil vers les fleuves, la main de la campagne sur mon épaule, et de nos caresses debout dans les plaines poivrées. – Un envol de pigeons écarlates tonne autour de ma pensée. – Exilé ici, j'ai eu une scène où jouer les chefs-d'œuvre dramatiques de toutes les littératures. Je vous indiquerais les richesses inouïes. J'observe l'histoire des trésors que vous trouvâtes. Je vois la suite ! Ma sagesse est aussi dédaignée que le chaos. Qu'est mon néant, auprès de la stupeur qui vous attend ?

II

Je suis un inventeur bien autrement méritant que tous ceux qui m'ont précédé ; un musicien même, qui ai trouvé quelque chose comme la clef de l'amour. À présent, gentilhomme d'une campagne aigre au ciel sobre, j'essaye de m'émouvoir au souvenir de l'enfance mendiante, de l'apprentissage ou de l'arrivée en sabots, des polémiques, des cinq ou six veuvages, et quelques noces où ma forte tête m'empêcha de monter au diapason des camarades. Je ne regrette pas ma vieille part de gaîté divine : l'air sobre de cette aigre campagne alimente fort activement mon atroce scepticisme. Mais comme ce scepticisme ne peut désormais être mis en œuvre, et que d'ailleurs je suis dévoué à un trouble nouveau, – j'attends de devenir un très méchant fou.

III

Dans un grenier où je fus enfermé à douze ans j'ai connu le monde, j'ai illustré la comédie humaine. Dans un cellier j'ai appris l'histoire. À quelque fête de nuit dans une cité du Nord, j'ai rencontré toutes les femmes des anciens peintres. Dans un vieux passage à Paris on m'a enseigné les sciences classiques. Dans une magnifique demeure cernée par l'Orient entier j'ai accompli mon immense œuvre et passé mon illustre retraite. J'ai brassé mon sang. Mon devoir m'est remis. Il ne faut même plus songer à cela. Je suis réellement d'outre-tombe, et pas de commissions.

Rimbaud, par Forain (1874).

ROYAUTÉ

Un beau matin, chez un peuple fort doux, un homme et une femme superbes criaient sur la place publique. « Mes amis, je veux qu'elle soit reine ! » « Je veux être reine ! » Elle riait et tremblait. Il parlait aux amis de révélation, d'épreuve terminée. Ils se pâmaient l'un contre l'autre.

En effet ils furent rois toute une matinée où les tentures carminées se relevèrent sur les maisons, et toute l'après-midi, où ils s'avancèrent du côté des jardins de palmes.

MATINÉE D'IVRESSE

Ô *mon* Bien ! Ô *mon* Beau ! Fanfare atroce où je ne trébuche point ! Chevalet féerique ! Hourra pour l'œuvre inouïe et pour le corps merveilleux, pour la première fois ! Cela commença sous les rires des enfants, cela finira par eux. Ce poison va rester dans toutes nos veines même quand, la fanfare tournant, nous serons rendus à l'ancienne inharmonie. Ô maintenant nous si digne de ces tortures ! rassemblons fervemment cette promesse surhumaine faite à notre corps et à notre âme créés : cette promesse, cette démence ! L'élégance, la science, la violence ! On nous a promis d'enterrer dans l'ombre l'arbre du bien et du mal, de déporter les honnêtetés tyranniques, afin que nous amenions notre très pur amour. Cela commença par quelques dégoûts et cela finit, — ne pouvant nous saisir sur-le-champ de cette éternité,— cela finit par une débandade de parfums.

Rire des enfants, discrétion des esclaves, austérité des vierges, horreur des figures et des objets d'ici, sacrés soyez-vous par le souvenir de cette veille. Cela commençait par toute la rustrerie, voici que cela finit par des anges de flamme et de glace.

Petite veille d'ivresse, sainte ! quand ce ne serait que pour le masque dont tu nous as gratifié. Nous t'affirmons, méthode ! Nous n'oublions pas que tu as glorifié hier chacun de nos âges. Nous avons foi au poison. Nous savons donner notre vie tout entière tous les jours.

Voici le temps des *Assassins*.

VILLE

Je suis un éphémère et point trop mécontent citoyen d'une métropole crue moderne parce que tout goût connu a été éludé dans les ameublements et l'extérieur des maisons aussi bien que dans le plan de la ville. Ici vous ne signaleriez les traces d'aucun monument de superstition. La morale et la langue sont réduites à leur plus simple expression, enfin ! Ces millions de gens qui n'ont pas besoin de se connaître amènent si pareillement l'éducation, le métier et la vieillesse, que ce cours de vie doit être plusieurs fois moins long que ce qu'une statistique folle trouve pour les peuples du continent. Aussi comme, de ma fenêtre, je vois des spectres nouveaux roulant à travers l'épaisse et éternelle fumée de charbon, – notre ombre des bois, notre nuit d'été ! – des Érinnyes nouvelles, devant mon cottage qui est ma patrie et tout mon cœur puisque tout ici ressemble à ceci, – la Mort sans pleurs, notre active fille et servante, un Amour désespéré, et un joli Crime piaulant dans la boue de la rue.

VILLES

Ce sont des villes ! C'est un peuple pour qui se sont montés ces Alleghanys et ces Libans de rêve ! Des chalets de cristal et de bois qui se meuvent sur des rails et des poulies invisibles. Les vieux cratères ceints de colosses et de palmiers de cuivre rugissent mélodieusement dans les feux. Des fêtes amoureuses sonnent sur les canaux pendus derrière les chalets. La chasse des carillons crie dans les gorges. Des corporations de chanteurs géants accourent dans des vêtements et des oriflammes éclatants comme la lumière des cimes. Sur les plates-formes au milieu des gouffres les Rolands sonnent leur bravoure. Sur les passerelles de l'abîme et les toits des auberges l'ardeur du ciel pavoise les mâts. L'écroulement des apothéoses rejoint les champs des hauteurs où les centauresses séraphiques évoluent parmi les avalanches. Au-dessus du niveau des plus hautes crêtes, une mer troublée par la naissance éternelle de Vénus, chargée de flottes orphéoniques et de la rumeur des perles et des conques précieuses, — la mer s'assombrit parfois avec des éclats mortels. Sur les versants des moissons de fleurs grandes comme nos armes et nos coupes mugissent. Des cortèges de Mabs en robes rousses, opalines, montent des ravines. Là-haut, les pieds dans la cascade et les ronces, les cerfs tètent Diane. Les Bacchantes des banlieues sanglotent et la lune brûle et hurle. Vénus entre dans les cavernes des forgerons et des ermites. Des groupes de beffrois chantent les idées des peuples. Des châteaux bâtis en os sort la musique inconnue. Toutes les légendes évoluent et les élans se ruent dans les bourgs. Le paradis des orages s'effondre. Les sauvages dansent sans cesse la fête de la nuit. Et une heure je suis descendu dans le mouvement d'un boulevard de Bagdad où des compagnies ont chanté la joie du travail nouveau, sous une brise épaisse, circulant sans pouvoir éluder les fabuleux fantômes des monts où l'on a dû se retrouver.

Quels bons bras, quelle belle heure me rendront cette région d'où viennent mes sommeils et mes moindres mouvements ?

VILLES

L'acropole officielle outre les conceptions de la barbarie moderne les plus colossales. Impossible d'exprimer le jour mat produit par ce ciel immuablement gris, l'éclat impérial des bâtisses, et la neige éternelle du sol. On a reproduit dans un goût d'énormité singulier toutes les merveilles classiques de l'architecture. J'assiste à des expositions de peinture dans des locaux vingt fois plus vastes qu'Hampton-Court. Quelle peinture ! Un Nabuchodonosor norwégien a fait construire les escaliers des ministères ; les subalternes que j'ai pu voir sont déjà plus fiers que des [...], et j'ai tremblé à l'aspect des gardiens de colosses et officiers de constructions. Par le groupement des bâtiments en squares, cours et terrasses fermées, on a évincé les cochers. Les parcs représentent la nature primitive travaillée par un art superbe. Le haut quartier a des parties inexplicables : un bras de mer, sans bateaux, roule sa nappe de grésil bleu entre des quais chargés de candélabres géants. Un pont court conduit à une poterne immédiatement sous le dôme de la Sainte-Chapelle. Ce dôme est une armature d'acier artistique de quinze mille pieds de diamètre environ.

Sur quelques points des passerelles de cuivre, des plates-formes, des escaliers qui contournent les halles et les piliers, j'ai cru pouvoir juger la profondeur de la ville ! C'est le prodige dont je n'ai pu me rendre compte : quels sont les niveaux des autres quartiers sur ou sous l'acropole ? Pour l'étranger de notre temps la reconnaissance est impossible. Le quartier commerçant est un circus d'un seul style, avec galeries à arcades. On ne voit pas de boutiques, mais la neige de la chaussée est écrasée ; quelques nababs, aussi rares que les promeneurs d'un matin de dimanche à Londres, se dirigent vers une diligence de diamants. Quelques divans de velours rouge : on sert des boissons polaires dont le prix varie de huit cents à huit mille roupies. À l'idée de chercher des théâtres sur ce circus, je me réponds que les boutiques doivent contenir des drames assez sombres. Je pense qu'il y a une police. Mais la loi doit être tellement étrange, que je renonce à me faire une idée des aventuriers d'ici.

Le faubourg, aussi élégant qu'une belle rue de Paris, est favorisé d'un air de lumière. L'élément démocratique compte quelque cent âmes. Là encore les maisons ne se suivent pas ; le faubourg se perd bizarrement dans la campagne, le « Comté » qui remplit l'occident éternel des forêts et des plantations prodigieuses où les gentilshommes sauvages chassent leurs chroniques sous la lumière qu'on a créée.

BARBARE

Bien après les jours et les saisons, et les êtres et les pays,

Le pavillon en viande saignante sur la soie des mers et des fleurs arctiques ; (elles n'existent pas.)

Remis des vieilles fanfares d'héroïsme — qui nous attaquent encore le cœur et la tête — loin des anciens assassins —

Oh ! Le pavillon en viande saignante sur la soie des mers et des fleurs arctiques ; (elles n'existent pas.)

Douceurs !

Les brasiers, pleuvant aux rafales de givre, — Douceurs ! — les feux à la pluie du vent de diamants jetée par le cœur terrestre éternellement carbonisé pour nous — Ô monde ! —

(Loin des vieilles retraites et des vieilles flammes, qu'on entend, qu'on sent,)

Les brasiers et les écumes. La musique, virement des gouffres et choc des glaçons aux astres.

Ô Douceurs, ô monde, ô musique ! Et là, les formes, les sueurs, les chevelures et les yeux, flottant. Et les larmes blanches, bouillantes, — ô douceurs ! — et la voix féminine arrivée au fond des volcans et des grottes arctiques.

Le pavillon...

Rimbaud s'exerçant au piano, dessin de Verlaine.

JEUNESSE

I

DIMANCHE

Les calculs de côté, l'inévitable descente du ciel, et la visite des souvenirs et la séance des rythmes occupent la demeure, la tête et le monde de l'esprit.

— Un cheval détale sur le turf suburbain, et le long des cultures et des boisements, percé par la peste carbonique. Une misérable femme de drame, quelque part dans le monde, soupire après des abandons improbables. Les desperadoes languissent après l'orage, l'ivresse et les blessures. De petits enfants étouffent des malédictions le long des rivières. —

Reprenons l'étude au bruit de l'œuvre dévorante qui se rassemble et remonte dans les masses.

II

SONNET

Homme de constitution ordinaire, la chair n'était-elle pas un fruit pendu dans le verger, — ô journées enfantes ! le corps un trésor à prodiguer ; — ô aimer, le péril ou la force de Psyché ? La terre avait des versants fertiles en princes et en artistes, et la descendance et la race vous poussaient aux crimes et aux deuils : le monde votre fortune et votre péril. Mais à présent, ce labeur comblé, toi, tes calculs, toi, tes impatiences — ne sont plus que votre danse et votre voix, non fixées et point forcées, quoique d'un double événement d'invention et de succès une saison, —

en l'humanité fraternelle et discrète par l'univers sans images ; — la force et le droit réfléchissent la danse et la voix à présent seulement appréciées.

III

VINGT ANS

Les voix instructives exilées... L'ingénuité physique amèrement rassise... — Adagio. Ah ! l'égoïsme infini de l'adolescence, l'optimisme studieux : que le monde était plein de fleurs cet été ! Les airs et les formes mourant... — Un chœur, pour calmer l'impuissance et l'absence ! Un chœur de verres, de mélodies nocturnes... En effet les nerfs vont vite chasser.

IV

Tu en es encore à la tentation d'Antoine. L'ébat du zèle écourté, les tics d'orgueil puéril, l'affaissement et l'effroi.

Mais tu te mettras à ce travail : toutes les possibilités harmoniques et architecturales s'émouvront autour de ton siège. Des êtres parfaits, imprévus, s'offriront à tes expériences. Dans tes environs affluera rêveusement la curiosité d'anciennes foules et de luxes oisifs. Ta mémoire et tes sens ne seront que la nourriture de ton impulsion créatrice. Quant au monde, quand tu sortiras, que sera-t-il devenu ? En tout cas, rien des apparences actuelles.

PROMONTOIRE

L'aube d'or et la soirée frissonnante trouvent notre brick au large en face de cette villa et de ses dépendances, qui forment un promontoire aussi étendu que l'Épire et le Péloponnèse, ou que la grande île du Japon, ou que l'Arabie ! Des fanums qu'éclaire la rentrée des théories, d'immenses vues de la défense des côtes modernes ; des dunes illustrées de chaudes fleurs et de bacchanales ; de grands canaux de Carthage et des Embankments d'une Venise louche, de molles éruptions d'Etnas et des crevasses de fleurs et d'eaux des glaciers, des lavoirs entourés de peupliers d'Allemagne ; des talus de parcs singuliers penchant des têtes d'Arbre du Japon ; et les façades circulaires des « Royal » ou des « Grand » de Scarbro ou de Brooklyn, et leurs railways flanquent, creusent, surplombent les dispositions dans cet Hôtel, choisies dans l'histoire des plus élégantes et des plus colossales constructions de l'Italie, de l'Amérique et de l'Asie, dont les fenêtres et les terrasses à présent pleines d'éclairages, de boissons et de brises riches, sont ouvertes à l'esprit des voyageurs et des nobles — qui permettent, aux heures du jour, à toutes les tarentelles des côtes, — et même aux ritournelles des vallées illustres de l'art, de décorer merveilleusement les façades du Palais-Promontoire.

DÉMOCRATIE

« Le drapeau va au paysage immonde, et notre patois étouffe le tambour.

« Aux centres nous alimenterons la plus cynique prostitution. Nous massacrerons les révoltes logiques.

« Aux pays poivrés et détrempés ! — au service des plus monstrueuses exploitations industrielles ou militaires.

« Au revoir ici, n'importe où. Conscrits du bon vouloir, nous aurons la philosophie féroce ; ignorants pour la science, roués pour le confort ; la crevaison pour le monde qui va. C'est la vraie marche. En avant, route ! »

Rimbaud, roi des sauvages, par Delahaye.

Lettres

Rimbaud, par sa sœur Isabelle.

RIMBAUD À GEORGES IZAMBARD

Paris, 5 septembre 1870.

Cher Monsieur,

Ce que vous me conseilliez de ne pas faire, je l'ai fait : je suis allé à Paris, quittant la maison maternelle ! J'ai fait ce tour le 29 août.

Arrêté en descendant de wagon pour n'avoir pas un sou et devoir treize francs de chemin de fer, je fus conduit à la préfecture, et, aujourd'hui, j'attends mon jugement à Mazas ! oh ! — *J'espère en vous* comme en ma mère ; vous m'avez toujours été comme un frère : je vous demande instamment cette aide que vous m'offrîtes. J'ai écrit à ma mère, au procureur impérial, au commissaire de police de Charleville ; si vous ne recevez de moi aucune nouvelle mercredi, avant le train qui conduit de Douai à Paris, *prenez ce train, venez ici me réclamer par lettre, ou en vous présentant au procureur,* en priant, en *répondant de moi,* en *payant ma dette ! Faites tout ce que vous pourrez,* et, quand vous recevrez cette lettre, écrivez, vous aussi, *je vous l'ordonne,* oui, *écrivez à ma pauvre mère* (Quai de la Madeleine, 5, Charlev[ille]) *pour la consoler. Écrivez-moi* aussi ; faites tout ! Je vous aime comme un frère, je vous aimerai comme un père.

Je vous serre la main

Votre pauvre

ARTHUR RIMBAUD
[détenu] à Mazas.

(et si vous parvenez à me libérer, vous m'emmènerez à Douai avec [vous].)

Monsieur Georges Izambard,
À Douai.

RIMBAUD À GEORGES IZAMBARD

Charleville, 13 mai 1871.

Cher Monsieur !

Vous revoilà professeur. On se doit à la Société, m'avez-vous dit ; vous faites partie des corps enseignants : vous roulez dans la bonne ornière. — Moi aussi, je suis le principe : je me fais cyniquement *entretenir ;* je déterre d'anciens imbéciles de collège : tout ce que je puis inventer de bête, de sale, de mauvais, en action et en paroles, je le leur livre : on me paie en bocks et en filles[1]. *Stat mater dolorosa, dum pendet filius,* — Je me dois à la Société, c'est juste ; — et j'ai raison —. Vous aussi, vous avez raison, pour aujourd'hui. Au fond, vous ne voyez en votre principe que poésie subjective : votre obstination à regagner le râtelier universitaire — pardon ! — le prouve. Mais vous finirez toujours comme un satisfait qui n'a rien fait, n'ayant rien voulu faire. Sans compter que votre poésie subjective sera toujours horriblement fadasse. Un jour, j'espère, — bien d'autres espèrent la même chose, — je verrai dans votre principe la poésie objective, je la verrai plus sincèrement que vous ne le feriez ! — Je serai un travailleur : c'est l'idée qui me retient, quand les colères folles me poussent vers la bataille de Paris, — où tant de travailleurs meurent pourtant encore tandis que je vous écris ! Travailler maintenant, jamais, jamais ; je suis en grève.

Maintenant, je m'encrapule le plus possible. Pourquoi ? Je veux être poète, et je travaille à me rendre *Voyant :* vous ne comprendrez pas du tout, et je ne saurais presque vous expliquer. Il s'agit d'arriver à l'inconnu par le dérèglement de *tous les sens.* Les souffrances sont énormes, mais il faut être fort, être né poète, et je me suis reconnu poète. Ce n'est pas du tout ma faute. C'est faux de dire : Je pense : on devrait dire on me pense. — Pardon du jeu de mots.

Je est un autre. Tant pis pour le bois qui se trouve violon, et Nargue aux inconscients, qui ergotent sur ce qu'ils ignorent tout à fait !

Vous n'êtes pas *Enseignant* pour moi. Je vous donne ceci : est-ce de la satire, comme vous diriez ? Est-ce de la poésie ? C'est de la fantaisie, toujours. — Mais, je vous en supplie, ne soulignez ni du crayon, ni trop de la pensée :

LE CŒUR SUPPLICIÉ

Mon triste cœur bave à la poupe
......................[2]

Ça ne veut pas rien dire. — RÉPONDEZ-MOI : chez M. Deverrière, pour A. R.

Bonjour de cœur,

AR. RIMBAUD.

Monsieur Georges Izambard,
27, rue de l'Abbaye-des-Champs,
À Douai (Nord).

1. *Fille* ou *fillette* désigne dans les Ardennes une chope de vin.
2. Voir p. 67.

RIMBAUD À PAUL DEMENY

(extraits) 1871.

(...) La première étude de l'homme qui veut être poète est sa propre connaissance, entière ; il cherche son âme, il l'inspecte, il la tente, l'apprend. Dès qu'il la sait, il doit la cultiver ; cela semble simple : en tout cerveau s'accomplit un développement naturel ; tant d'*égoïstes* se proclament auteurs ; il en est bien d'autres qui s'attribuent leur progrès intellectuel ! — Mais il s'agit de faire l'âme monstrueuse : à l'instar des comprachicos[1], quoi ! Imaginez un homme s'implantant et se cultivant des verrues sur le visage.

Je dis qu'il faut être *voyant,* se faire *voyant.*

Le Poète se fait *voyant* par un long, immense et raisonné *dérèglement* de *tous les sens.* Toutes les formes d'amour, de souffrance, de folie ; il cherche lui-même, il épuise en lui tous les poisons, pour n'en garder que les quintessences. Ineffable torture où il a besoin de toute la foi, de toute la force surhumaine, où il devient entre tous le grand malade, le grand criminel, le grand maudit, — et le suprême Savant ! — Car il arrive à l'*inconnu !* Puisqu'il a cultivé son âme, déjà riche, plus qu'aucun ! Il arrive à l'inconnu, et quand, affolé, il finirait par perdre l'intelligence de ses visions, il les a vues ! Qu'il crève dans son bondissement par les choses inouïes et innommables : viendront d'autres horribles travailleurs ; ils commenceront par les horizons où l'autre s'est affaissé ! (...)

1. Voleurs d'enfants qui les mutilent pour en faire des monstres (On en parle dans *L'Homme qui rit* de Victor Hugo).

Donc le poète est vraiment voleur de feu.

Il est chargé de l'humanité, des *animaux* même ; il devra faire sentir, palper, écouter ses inventions ; si ce qu'il rapporte de *là-bas* a forme, il donne forme ; si c'est informe, il donne de l'informe. Trouver une langue ;

— Du reste, toute parole étant idée, le temps d'un langage universel viendra ! Il faut être académicien, — plus mort qu'un fossile, — pour parfaire un dictionnaire, de quelque langue que ce soit. Des faibles se mettraient *à penser* sur la première lettre de l'alphabet, qui pourraient vite ruer dans la folie ! —

Cette langue sera de l'âme pour l'âme, résumant tout, parfums, sons, couleurs, de la pensée accrochant la pensée et tirant. Le poète définirait la quantité d'inconnu s'éveillant en son temps dans l'âme universelle : il donnerait plus — que la formule de sa pensée, que la notation *de sa marche au Progrès !* Énormité devenant norme, absorbée par tous, il serait vraiment *un multiplicateur de progrès !*

Cet avenir sera matérialiste, vous le voyez. — Toujours pleins du *Nombre* et de l'*Harmonie,* ces poèmes seront faits pour rester. — Au fond, ce serait encore un peu la Poésie grecque.

L'art éternel aurait ses fonctions, comme les poètes sont citoyens. La Poésie ne rythmera plus l'action ; elle *sera en avant.*

Ces poètes seront ! Quand sera brisé l'infini servage de la femme, quand elle vivra pour elle et par elle, l'homme, — jusqu'ici abominable, — lui ayant donné son renvoi, elle sera poète, elle aussi ! La femme trouvera de l'inconnu ! Ses mondes d'idées différeront-ils des nôtres ? — Elle trouvera des choses étranges, insondables, repoussantes, délicieuses ; nous les prendrons, nous les comprendrons. (...)

RIMBAUD AUX SIENS

Aden, 25 août 1880.

Chers amis,

Il me semble que j'avais posté dernièrement une lettre pour vous, contant comme j'avais malheureusement dû quitter Chypre et comment j'étais arrivé ici après avoir roulé la mer Rouge.

Ici, je suis dans un bureau de marchand de café. L'agent de la Compagnie est un général en retraite. On fait passablement d'affaires, et on va faire beaucoup plus. Moi, je ne gagne pas beaucoup, ça ne fait pas plus de six francs par jour ; mais si je reste ici, et il faut bien que j'y reste, car c'est trop éloigné de partout pour qu'on ne reste pas plusieurs mois avant de seulement gagner quelques centaines de francs pour s'en aller en cas de besoin, si je reste, je crois que l'on me donnera un poste de confiance, peut-être une agence dans une autre ville, et ainsi je pourrais gagner quelque chose un peu plus vite.

Aden est un roc affreux, sans un seul brin d'herbe ni une goutte d'eau bonne : on boit l'eau de mer distillée. La chaleur y est excessive, surtout en juin et septembre qui sont les deux canicules. La température constante, nuit et jour, d'un bureau très frais et très ventilé est de 35 degrés. Tout est très cher et ainsi de suite. Mais, il n'y a pas : je suis comme prisonnier ici et, assurément, il me faudra y rester au moins trois mois avant d'être un peu sur mes jambes ou d'avoir un meilleur emploi.

Et à la maison ? La moisson est finie ?

Contez-moi vos nouvelles.

ARTHUR RIMBAUD.

RIMBAUD À SA MÈRE ET À SA SŒUR

Harar, 25 février 1890.

Chères mère et sœur,

Je reçois votre lettre du 21 janvier 1890.

Ne vous étonnez pas que je n'écrive guère : le principal motif serait que je ne trouve jamais rien d'intéressant à dire. Car, lorsqu'on est dans des pays comme ceux-ci, on a plus à demander qu'à dire ! Des déserts peuplés de nègres stupides, sans routes, sans courriers, sans voyageurs : que voulez-vous qu'on vous écrive de là ? Qu'on s'ennuie, qu'on s'embête, qu'on s'abrutit ; qu'on en a assez, mais qu'on ne peut pas en finir, etc., etc. ! Voilà tout, tout ce qu'on peut dire, par conséquent ; et, comme ça n'amuse pas non plus les autres, il faut se taire.

On massacre, en effet, et l'on pille pas mal dans ces parages. Heureusement que je ne me suis pas encore trouvé à ces occasions-là, et je compte bien ne pas laisser ma peau par ici, — ce serait bête ! Je jouis du reste, dans le pays et sur la route, d'une certaine considération due à mes procédés humains. Je n'ai jamais fait de mal à personne. Au contraire, je fais un peu de bien quand j'en trouve l'occasion, et c'est mon seul plaisir.

Je fais des affaires avec ce monsieur Tian qui vous a écrit pour vous rassurer sur mon compte. Ces affaires, au fond, ne seraient pas mauvaises si, comme vous le lisez, les routes n'étaient pas à chaque instant fermées par des guerres, des révoltes, qui mettent nos caravanes en péril. Ce monsieur Tian est un grand négociant de la ville d'Aden, et il ne voyage jamais dans ces pays-ci.

Les gens du Harar ne sont ni plus bêtes, ni plus canailles que les nègres blancs des pays dits civilisés ; ce n'est pas du même ordre, voilà tout. Ils sont même moins méchants, et peuvent, dans certains cas, manifester de la reconnaissance et de la fidélité. Il s'agit d'être humain avec eux.

Le ras Makonnen, dont vous avez dû lire le nom dans les journaux et qui a conduit en Italie une ambassade abyssine, laquelle fit tant de bruit l'an passé, est le gouverneur de la ville du Harar.

À l'occasion de vous revoir. Bien à vous,

RIMBAUD.

RIMBAUD À SA MÈRE

Harar, le 10 novembre 1890.

Ma chère maman,

J'ai bien reçu ta lettre du 29 septembre 1890.

En parlant de mariage, j'ai toujours voulu dire que j'entendais rester libre de voyager, de vivre à l'étranger et même de continuer à vivre en Afrique. Je suis tellement déshabitué du climat d'Europe, que je m'y remettrais difficilement. Il me faudrait même probablement passer deux hivers dehors, en admettant que je rentre un jour en France. Et puis comment me referais-je des relations, quels emplois trouverais-je ? C'est encore une question. D'ailleurs, il y a une chose qui m'est impossible, c'est la vie sédentaire.

Il faudrait que je trouvasse quelqu'un qui me suivît dans mes pérégrinations.

Quant à mon capital, je l'ai en mains, il est libre quand je voudrai.

Monsieur Tian est un commerçant très honorable, établi depuis trente ans à Aden, et je suis son associé dans cette partie de l'Afrique. Mon association avec lui date de deux années et demie. Je travaille aussi à mon compte, seul ; et je suis libre, d'ailleurs, de liquider mes affaires dès qu'il me conviendra.

J'envoie à la côte des caravanes de produits de ces pays : or, musc, ivoire, café, etc., etc. Pour ce que je fais avec M. Tian, la moitié des bénéfices est à moi.

Du reste, pour les renseignements, on n'a qu'à s'adresser à Monsieur de Gaspary, consul de France à Aden, ou à son successeur.

Personne à Aden ne peut dire du mal de moi. Au contraire. Je suis connu en bien de tous, dans ce pays, depuis dix années.

Avis aux amateurs !

Quant au Harar, il n'y a aucun consul, aucune poste, aucune route ; on y va à chameau, et on y vit avec des nègres exclusivement. Mais enfin on y est libre, et le climat est bon.

Telle est la situation.

Au revoir.

A. RIMBAUD.

César Tian.

RIMBAUD À SA SŒUR ISABELLE

Marseille, 23 juin 1891.

Ma chère sœur,

Tu ne m'as pas écrit ; que s'est-il passé ? Ta lettre m'avait fait peur, j'aimerais avoir de tes nouvelles. Pourvu qu'il ne s'agisse pas de nouveaux ennuis, car, hélas, nous sommes trop éprouvés à la fois !

Pour moi, je ne fais que pleurer jour et nuit, je suis un homme mort, je suis estropié pour toute ma vie. Dans la quinzaine, je serai guéri, je pense ; mais je ne pourrai marcher qu'avec des béquilles. Quant à une jambe artificielle, le médecin dit qu'il faudra attendre très longtemps, au moins six mois ! Pendant ce temps que ferai-je, où resterai-je ? Si j'allais chez vous, le froid me chasserait dans trois mois, et même en moins de temps ; car, d'ici, je ne serai capable de me mouvoir que dans six semaines, le temps de m'exercer à béquiller ! Je ne serais donc chez vous que fin juillet. Et il me faudrait repartir fin septembre.

Je ne sais pas du tout quoi faire. Tous ces soucis me rendent fou : je ne dors jamais une minute.

Enfin, notre vie est une misère, une misère sans fin ! Pourquoi donc existons-nous ?

Envoyez-moi de vos nouvelles.

Mes meilleurs souhaits.

RIMBAUD.

Hôpital de la Conception,
Marseille.

RIMBAUD AU DIRECTEUR DES MESSAGERIES MARITIMES

Marseille, 9 novembre 1891.

UN LOT : UNE DENT SEULE.
UN LOT : DEUX DENTS.
UN LOT : TROIS DENTS.
UN LOT : QUATRE DENTS.
UN LOT : DEUX DENTS.

Monsieur le Directeur,

Je viens vous demander si je n'ai rien laissé à votre compte. Je désire changer aujourd'hui de ce service-ci, dont je ne connais même pas le nom, mais en tout cas que ce soit le service d'Aphinar. Tous ces services sont là partout, et moi, impotent, malheureux, je ne peux rien trouver, le premier chien dans la rue vous dira cela.

Envoyez-moi donc le prix des services d'Aphinar à Suez. Je suis complètement paralysé : donc je désire me trouver de bonne heure à bord. Dites-moi à quelle heure je dois être transporté à bord...

TABLE DES MATIÈRES

123. Barbare (Illuminations).
124. Jeunesse (Illuminations).
126. Promontoire (Illuminations).
127. Démocratie (Illuminations).
129. Rimbaud à Georges Izambard (Lettres).
131. Rimbaud à Georges Izambard (Lettres).
132. Rimbaud à Paul Démeny, extraits (Lettres).
134. Rimbaud aux siens (Lettres).
136. Rimbaud à sa mère et à sa sœur (Lettres).
137. Rimbaud à sa mère (Lettres).
138. Rimbaud à sa sœur Isabelle (Lettres).
140. Rimbaud au directeur des Messageries maritimes (Lettres).

La biographie de Rimbaud est redevable aux ouvrages suivants : *Œuvres complètes* d'Arthur Rimbaud. Édition procurée par Antoine Adam, Gallimard, Bibliothèque de la Pléiade, 1972. — *Album Rimbaud*, iconographie réunie et commentée par Henri Matarasso et Pierre Petitfils. Bibliothèque de la Pléiade, 1967. — *Rimbaud*, d'Yves Bonnefoy. Éd. du Seuil, coll. Les Écrivains de toujours, 1961. — *L'Aventure terrestre de Jean-Arthur Rimbaud*, de Jean Chauvel. Seghers, 1971. — *Les Visiteurs du moi* (ch. II : « L'ombre du capitaine Rimbaud »), d'Alain de Mijolla. Les Belles Lettres, coll. Confluents psychanalytiques, 1981.

Arthur Rimbaud en poésie

Supplément illustré

réalisé par Sylvie Florian-Pouilloux

Maquette Etienne Théry

folio junior en poésie

L'œuvre de Rimbaud se prête à plus d'une lecture, et vous allez retrouver ou découvrir certains des thèmes dont semble empreinte sa poésie : force et fragilité de l'enfance, misère des hommes, poésie et voyance, l'aube du grand voyage. Sans doute ce parcours vous aidera-t-il à mieux apprécier la personnalité de Rimbaud et son œuvre considérable. Ce poète, unique, est à l'origine des grandes tendances de la poésie moderne dont il a révolutionné l'inspiration et le langage, et l'on pourrait dire de lui qu'il n'a jamais cessé, tout sa vie, de se montrer voyant.

AeiOu

Enfance

Génie précoce, à quinze ans, Rimbaud a déjà lu un nombre considérable de livres empruntés à son professeur Izambard et à la bibliothèque municipale de Charleville.
Il s'est aussi essayé à différentes formes d'écriture, pastichant selon son humeur, Baudelaire, Banville ou Hugo.
Rimbaud, soucieux de la justesse du ton, recherche l'image la plus exactement appropriée au sentiment qu'il éprouve. La fraîcheur de l'âge est ainsi saisie avec ingénuité dans son authenticité première.
Oh là là, écrit Rimbaud, *que d'amours splendides j'ai rêvé.*
Quelle tendresse dans ce "Oh là là" si enfantin, ou dans les phrases comme de : *Nuit de juin ! Dix-sept ans !* comme s'il suffisait d'évoquer un âge ou une saison pour que tout le monde participe à l'évocation bienheureuse...
Ne pouvez-vous déceler un procédé analogue dans ce vers de *Ma bohême* :
Mes étoiles au ciel avaient un doux frou-frou.

Sentiments vrais

A l'âge du Petit Poucet (*Petit Poucet rêveur, j'égrenais dans ma course des rimes...*), le moindre souffle de vent fait frémir le cœur, la moindre blessure morale le met à nu. Que pensez-vous de cette expression : *On sent sourdre et mourir sans cesse un désir de pleurer* (*Les Chercheuses de poux*). N'est-ce pas ce que pourrait soupirer tout adolescent qui grandit ?

Sensations

Enfants et adolescents manquent parfois de mots pour exprimer le bouillonnement d'émotions et de sensations qu'ils éprouvent. Les adultes, eux, disposent d'une plus grande richesse de vocabulaire mais ils réécrivent souvent leur enfance à mesure qu'ils se la remémorent. Rimbaud avait la grâce d'un très jeune homme et l'exigence linguistique d'un grand poète. Voilà peut-être d'où vient sa force et sa justesse.
Relisez le poème *Sensations*. Quel autre titre pourriez-vous lui donner ? De quelles sensations s'agit-il principalement ? Pourquoi, d'après vous, le poète utilise-t-il le participe passé *picoté* et non piqué ?
Un cliché est ce que nous imaginons devoir être dit, quelque chose de pompeux en quelque sorte. Or ici, la communion entre le poète et la nature n'est-elle pas exprimée le plus simplement du monde ?
Que pensez-vous de ces vers :
Je ne parlerai pas, je ne penserai rien :
Mais l'amour infini me montera dans l'âme ?
Sauriez-vous montrer que l'originalité du poème tient surtout dans le contraste entre de simples sensations tactiles et l'impression cependant qu'à travers elles, le jeune homme ou l'enfant est traversé comme par un grand souffle de vie, par cet amour mystérieux dont il ne sait justement d'où il vient ?

Souffrance des hommes

Si l'âme d'un artiste, d'un poète en particulier, est pétrie de cet amour infini évoqué dans *Sensations*, comment pourrait-elle rester insensible à la misère qui l'entoure ? Rimbaud est fils de paysans.

Sa sensibilité est de celles qui aiguisent aussi le jugement, qui conduisent à voir le monde sans fard, dans sa diversité heureuse et malheureuse. Une acuité du regard exceptionnelle donne au jeune homme, plus qu'à d'autres peut-être, la perception de l'injustice universelle. En arrivant à Londres, Rimbaud note : *Notre barque élevée dans les brumes immobiles tourne vers le port de la misère, la cité énorme au ciel taché de feu et de boue...* Comme si cette grande clairvoyance, cette grande intelligence, le rendait responsable d'un monde dont Verlaine, par exemple, se sentait plutôt spectateur.

D'autres poètes se sont sentis concernés par la douleur humaine, par la guerre en particulier, comme Apollinaire dans les tranchées de 1914. Sur ce thème de la souffrance du monde et de l'écriture poétique, vous pourriez faire une recherche. Pourquoi, d'après-vous, le poète est-il le mieux placé pour comprendre qu'on ne peut rester indifférent au sort des autres ?

Révolte, action

Dans les rues, Rimbaud relève les ivrognes, *Bétail de misère…* écrit-il. Parfois comme *L'Époux infernal*, (p. 105), *il a la pitié d'une mère méchante pour les petits enfants…* Partout, il remarque les affamés, les miséreux : *Ah, les haillons pourris, le pain trempé de pluie…*, les mendiants, les pauvres à l'église : les *espèces d'enfants qui pleurent à mourir*, le froid, la faim et les pauvres travailleurs épuisés.

Misère

En reprenant le poème : *Les Pauvres à l'église*, frissonnez-vous en le lisant ? Sauriez-vous dire pourquoi ? N'avez-vous pas l'impression que tout ce qui fait d'ordinaire la beauté de la vie devient sous l'influence de la misère, source de dégoût et de répulsion ? Aidez-vous des expressions : *Oremus risibles, seins crasseux, espèces d'enfants…*

Ne peut-on lire dans la fin du poème un reproche adressé au Christ accusé de rêver en haut dans le vitrail jauni sans souci des souffrances humaines :
Loin des maigres mauvais et des méchants pansus,
Loin des senteurs de viande et d'étoffes moisies… ?

Interrogez cette révolte et exprimez-vous !

Voyance, Voyage

Dans un *dérèglement de tous les sens*, tendresse et révolte se partagent donc le cœur du jeune Rimbaud. Du réel, il cherche à tout connaître et tente toutes les expériences. Comme il le déclare dans *Les Illuminations*, il veut changer, bouleverser, tordre, dévoyer les sensations communes, voir des mosquées à la place des usines, donner des couleurs à l'alphabet, une dimension nouvelle à l'absolu...
Des êtres parfaits, imprévus, s'offriront à tes expériences..., écrit-il dans *Jeunesse*. *Ta mémoire et tes sens ne seront que la nourriture de ton impulsion créatrice. Quant au monde, quand tu en sortiras, que sera-t-il devenu ? En tout cas rien des apparences actuelles.*

Et vous, voyez-vous le monde à travers les caprices de votre imagination ou préférez-vous l'image rassurante qu'en donnent les cartes postales ? Défendez votre point de vue en quelques lignes…

Départ

On se pose continuellement la question du départ de Rimbaud. On se demande pourquoi il a cessé d'écrire, pourquoi il s'est aventuré si loin. Certains ont voulu y voir le signe d'un désespoir ou d'un ennui profond. Dans certaines lignes de *Une saison en enfer*, le poète avoue en effet nourrir *les rêves les plus tristes*, se plaint d'éprouver à l'égard de la pensée et de la foi *un atroce scepticisme*, déplore que *la vie* [soit] *la farce*

à mener par tous et regrette même de ne pas rencontrer *une main amie*. Sans doute éprouve-t-il une sorte de découragement comme s'il avait trop vite parcouru la vie et compris que l'imagination ne renvoie qu'à nous-mêmes, que par conséquent les mots sont inutiles :
Plus de mots, écrit-il dans *Une saison en enfer* (p. 108), il faut dire adieu au monde : *Je suis rendu au sol.*
Peut-être pourriez-vous essayer d'expliquer ces expressions ?

Rugueuse réalité

Pourtant, Rimbaud ne se contente pas d'écrire : *Je suis rendu au sol*, il ajoute : *avec un devoir à chercher et la réalité rugueuse à étreindre.* Ne peut-on voir ici un déplacement d'intérêt qui le rendait prêt, dès *Une saison en enfer*, à courir le monde, à chercher en des terres inconnues les sensations et les dépaysements qu'il demandait à l'imagination créatrice ?

En réalité, Rimbaud a toujours vécu dans la fascination d'un ailleurs, que celui-ci porte le nom d'Aden ou de la Commune de Paris.
Il y a une chose qui m'est impossible, confie-t-il à sa mère, dans une lettre qu'il lui écrit de son lointain exil, *c'est la vie sédentaire.*
Voleur de feu et grand marcheur, en quête de sensations et de terres nouvelles, Rimbaud a bien mérité les noms qu'il a reçus. c'est le "passant considérable" dont parle Mallarmé, "le poète aux semelles de vent", comme

l'écrit Verlaine… pas étonnant, n'est-ce pas (et peut-être pouvez-vous le montrer à votre tour), que ses pas l'aient porté jusque dans le Harar ?

Abyssinie

Après le drame de Bruxelles, Rimbaud - qui n'a guère que dix-neuf ans - est probablement très désemparé, bien que rien dans ses écrits ni dans sa correspondance, n'atteste ses états d'âme. Les crises passionnelles entre Verlaine et lui, les interrogatoires, les dépositions auprès de la justice et finalement l'enfermement de son compagnon, semblent l'avoir renvoyé au silence et à la solitude. Un de ses amis, le poète Alfred Toussaint qui le rencontre alors au café Tabourey, à Paris, prétend ne pouvoir tirer de lui un seul mot…

Imaginez que vous êtes le poète Alfred Toussaint, sauriez-vous raconter cette étrange rencontre ?

Pour fuir ces souvenirs douloureux ou pour accomplir le vœu exprimé dans *Les Illuminations* (découvrir du nouveau) Rimbaud entreprend de voyager. Il parcourt toute l'Europe, souvent à pied, et va jusqu'en Norvège.
Bientôt, il signe un engagement dans la légion étrangère néerlandaise ; il gagne alors Java, Gibraltar, Naples, Suez, Aden. Porté déserteur, il s'engage dans la marine américaine, passe Le Cap, Sainte-Hélène, Ascension, les Açores, et rentre à Paris par l'Irlande du Nord, Liverpool, et Le Havre. C'est le premier grand voyage, vers le sud en particulier, qu'il retrouvera deux ans plus tard après un nouveau voyage via l'Europe et qu'il ne quittera plus jusqu'à la fin de sa vie.

Harar

A Aden, puis à Harar en Abyssinie, Rimbaud est négociant en café avant d'être marchand d'armes. Harar désigne à la fois une ville et une province de l'Ethiopie - nom actuel de l'Abyssinie - où l'on cultivait un café, réputé pour sa force et son arôme, qu'on envoyait à partir des côtes de Somalie vers le Soudan. Par Harar, transitait aussi le café de l'Ouganda, appelé café Harari, qui s'expédiait d'Aden vers Londres et New York et dont la qualité était très estimée. Karen Blixen, dans son livre *La Ferme africaine,* raconte comment on cultivait encore le café, au début du XXe siècle dans cette région d'Afrique.

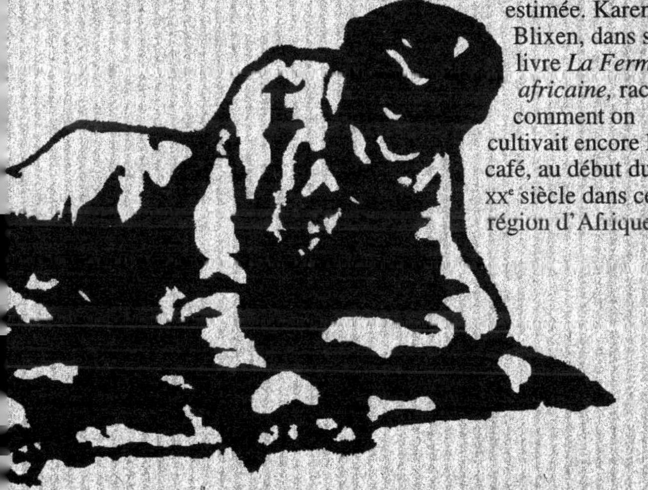

Désir d'inconnu

Sauriez-vous citer le nom du botaniste qui réussit à cultiver le premier plan de café en France ?
D'ailleurs, à propos, l'origine du mot café, la connaissez-vous ?

Encouragé par les nécessités du commerce mais sans doute aussi poussé par cette insatiable soif d'inconnu et de liberté exprimée dès son plus jeune âge, Rimbaud conduit des caravanes dans des terres que n'avait encore visitées aucun européen.
Il écrira d'ailleurs un petit traité sur l'Ogadine et différentes notes moins sérieuses qu'il s'amuse, vers cette époque, à faire parvenir aux journaux français. Ce désir d'inconnu, c'est aussi le désir d'apprendre déjà perceptible dans les lettres à Izambard et qui n'a cessé de travailler Rimbaud. Le regard semble vouloir plonger partout, l'oreille se bercer de tous les sons. Poète et aventurier, Rimbaud ne s'est jamais contenté des livres, lui qui en faisait pourtant si grande consommation, il est allé apprendre les langues étrangères là où elles se parlaient. A Londres, l'anglais, en Allemagne, l'allemand, à Aden, l'arabe.

Aden

Là, il ne cesse de lire, réclame sans cesse à sa famille de nouveaux ouvrages : traités sur les chemins de fer, la mécanique, les constructions métallurgiques et navales, guides pour le voyageur, livres de minéralogie, géodésie, météorologie, etc.
Il demande en outre à son frère Frédéric de lui trouver une collection de dialogues, chansons et jeux de mots, utiles à ceux qui apprennent l'arabe.
Son goût pour la voyance, sa curiosité pour le monde, n'ont donc pas cessé, mais se sont tout simplement orientés vers une connaissance pratique du monde, vers la géographie, les sciences, les langues.
Nombreux sont ceux qui ont regretté que Rimbaud ait cessé d'écrire, prétendant même parfois que sa vie dans le Harar était dénuée d'intérêt.

Prenez votre parti. Quel Rimbaud préférez-vous ? A l'aide de documents, défendez votre choix devant vos camarades. Vous pouvez aussi imaginer une sorte de tribunal où deux d'entre vous défendent l'un des aspects de la vie du poète.

Ennui

Malgré ces apprentissages et ces expéditions risquées en terres inconnues, Rimbaud écrit à sa famille qu'il s'ennuie, et même quelquefois qu'il déteste la vie qu'il mène. Cependant il ne saurait en changer, sans doute parce que, plus encore que cette vie, il exècre la misère - l'expression est employée à la fin de *Une saison en enfer* ?

Mais Rimbaud aurait-il pu être heureux ailleurs ? On peut se poser la question. On a souvent l'impression qu'il ne s'autorisait pas à jouir des choses, ni même des connaissances qu'il avait acquises comme si, une fois survolé un domaine, il fallait nécessairement l'abandonner - comme il l'avait fait avec le piano - pour aller de l'avant. Rimbaud ouvrait les portes, jetait les yeux dans l'enfilade d'un long couloir vers un nouveau domaine de connaissance, mais il restait sur le seuil et ne semblait trouver sa place nulle part.

Une sorte de désespoir l'habite jusqu'à la fin de sa vie, peut-être parce que cette si grande intelligence, qui lui a permis dès son plus jeune âge de discuter en égal avec les plus grands poètes de son temps, l'a élevé trop vite au-dessus des préoccupations de ses contemporains et, faute d'avoir trouvé comme Montaigne un La Boétie à qui confier les réflexions d'une nature hors du commun, Rimbaud s'est enfermé dans une solitude qui n'a cessé de lui peser.

Imaginez que vous êtes ce confident qui aurait su distraire, soulager et encourager Rimbaud. Que lui diriez-vous ? Et que vous répondrait-il ?

Faites-vous voyants

Vous avez lu que Rimbaud cherchait à se faire voyant et voleur de feu par le dérèglement de tous les sens. Peut-être cette aventure n'est-elle pas sans danger. Seriez-

vous prêt à la courir en notre compagnie, à *plonger, enfer ou ciel qu'importe, au fond de l'inconnu pour trouver du nouveau*?

Au départ, vous devez retrouver des sensations très fortes, pas forcément très sages. Mais les vôtres : sensations oubliées, émerveillements d'enfance, colères,

essayez de vous exprimer avec le plus d'authenticité possible.

Et surtout, ne craignez ni les répétitions ni les maladresses. Nous sommes déjà loin de l'école. Il s'agit de faire sortir votre émotion, votre émotion pure, violente parfois, qu'elle soit colère, tristesse ou joie. Écrivez rageusement, écrivez dans l'impatience. Et puis laissez reposer quelques jours. Initiez-vous ensuite à la magie des mots et écoutez Hölderlin.

Les poètes, écrit ce dernier, *se révèlent pour la plupart au début ou à la fin d'une ère. C'est par des chants que les peuples quittent le ciel de leur enfance pour entrer dans la vie active, dans le règne de la civilisation. C'est par des chants qu'ils retournent à la vie primitive. L'art est la transition de la nature à la civilisation et de la civilisation à la nature.*

Voleur de feu

Choisissez un poème de Rimbaud : *Bonne pensée du matin, Le Dormeur du val, Roman, Mes petites amoureuses*... Lisez-les en diagonale. Mais oui... Une image se compose souvent d'une association de deux mots (non plus nom, ou nom plus adjectif) arbitrairement rapprochés qui forment un nouveau sens, souvent inattendu. N'hésitez pas à puiser les vôtres dans l'univers rimbaldien :

Un beau soir, foin des bocks
et de la limonade,
Des cafés tapageurs aux
lustres éclatants…

peut fournir les expressions suivantes : un beau soir tapageur, des cafés éclatants, les soirs de limonade, les bocks des cafés, un lustre tapageur, etc. Exercez-vous à produire des associations de ce genre lorsque, par exemple, vous passez dans la rue devant des publicités. Bouleversez tout, changez l'ordre des mots et comptabilisez vos découvertes…

Atelier poésie

Et maintenant, reprenez votre premier jet écrit dans la fièvre et l'émotion. Vous pouvez désormais remplacer vos premières imprécisions ou maladresses par de nouvelles trouvailles.
Évitez l'utilisation excessive du verbe être qui risquerait d'atténuer l'intensité du poème et veillez un peu, malgré tout, à ce que votre syntaxe soit claire, car votre poésie doit ouvrir le cœur des autres et il est important qu'elle sache aussi leur parler.

Novateur

Maintenant que vous vous êtes exercé à la voyance, que vous avez, vous aussi, plongé au fond de l'Inconnu, vous aprécierez plus encore sans doute à quel point Rimbaud transforma la langue poétique. En effet, le poète mélange à dessein vers et prose, phrases construites et interjections, raisonnement et incantation :
Faim, soif, cris, danse, danse,

danse, danse! martèle-t-il à la fin d'un paragraphe de *Mauvais sang* (*Une saison en enfer*, p. 101) comme si la répétition avait pouvoir d'illuminer les esprits.
Il choisit les métaphores les plus évocatrices : *J'ensevelis les morts dans mon ventre*, quand bien même elles choqueraient la bienséance.
En associant librement les mots - comme le fera après lui le surréalisme - il enchaîne une image après l'autre : *La main à plume vaut la main à charrue. Quel siècle à mains! Je n'aurais jamais ma main...* (*Mauvais sang*, p. 98) sans se soucier du sens immédiat mais de façon que l'association ainsi créée se nourrisse de ramifications inconscientes. De l'idée, par exemple, qu'on ne s'appartient peut-être jamais tout à fait soi-même...
Cette nouveauté de l'écriture, si elle ne donne accès à une totale compréhension de l'œuvre, ouvre cependant la voie à un langage plus libre et comme désancré d'une rationalité qualifiée par Rimbaud lui-même de trop bien pensante.
Qu'en pensez-vous ? Croyez-vous qu'il existe un langage noble à côté d'un autre qui l'est moins ? Doit-on bannir le verlan et les "expressions branchées" ou y voir une forme nouvelle de créativité ?
Groupez-vous à plusieurs et défendez votre point de vue, certains se feront accusateurs et d'autres défenseurs. Attention, n'oubliez pas de donner des exemples.

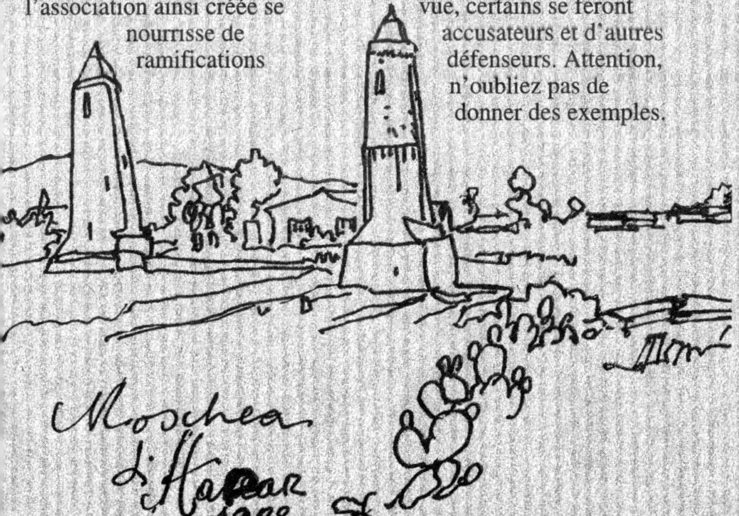

Solutions des jeux

Enfance

Frou-frou signifie tendre remue-ménage, comme si les étoiles se frottaient l'une à l'autre avec le léger bruissement que feraient deux morceaux de tissu. Le mot imite le son, cette création verbale courante dans le langage enfantin, s'appelle une onomatopée.

L'expression " sourdre et mourir sans cesse un désir de pleurer " symbolise cet âge si particulier de la préadolescence, où de vives émotions se succèdent très vite.

A. Picoté est associé à une sensation plus agréable que piqué.
B. Plusieurs titres sont possibles : Une rencontre avec la nature. Le jour finissant. Douceur de l'été...
C. *Mais l'amour infini me montera dans l'âme.*
Ce vers du deuxième quatrain de *Sensations*, est essentiel. La sensibilité du poète prend racine dans cette capacité d'aimer qui le rend, plus qu'un autre, sensible aux richesses de la nature.

Souffrance des hommes

Plusieurs recueils de poèmes d'Apollinaire évoquent le sort des soldats dans la guerre : *Étendards*, *Case d'Armons*, *Lueur des tirs*, *Obus couleur de lune*. De Rimbaud, on connaît sur ce thème le célèbre *Dormeur du val*, ainsi que les poèmes sur la Commune. De Supervielle : *Guerre et Paix sur la Terre*, d'Eluard : *Paris pendant la guerre*, et l'on pourrait citer bien d'autres auteurs...
Les poètes, d'une certaine façon, ressemblent à des médiums. Ils formulent ce que

nous ressentons dans la solitude de notre relation à nous-même sans pouvoir parfois l'exprimer : révolte et colère devant la souffrance des autres hommes. Doutes à l'égard de Dieu.

Départ

Le départ : *Plus de mots. Je suis rendu au sol.* Rimbaud semble annoncer ici le retour à une réalité plus tangible dont l'écriture est désormais bannie.

Il faut néanmoins nuancer ce propos. Même si le poète paraît désormais privilégier l'action, la suite de sa vie - et en particulier, les nombreuses langues avec lesquelles il se familiarise - montre qu'il ne rompt ni avec la pensée ni avec la connaissance.

Désir d'inconnu

Après plusieurs essais infructueux tentés pour cultiver le café en France, une bouture en provenance de Java fut envoyée à Versailles en 1714, par le bourgmestre d'Amsterdam. Antoine de Jussieu, professeur de botanique, la reçut et en prit soin. Ce fut une réussite.
Le mot *café* est emprunté à l'arabe *gahwa* et prononcé à la turque *kahvé*.

Iconographie

p. 1 : Rimbaud, par Verlaine
p. 4 : Verlaine et Rimbaud à Londres, par Félix Régamey
p. 7 8 : Dessins de Rimbaud
p. 12 : Dessin de Rimbaud
p. 13-14 : Dessin de Rimbaud
p. 16 : Dessin de Hugo Pratt (*Les Ethiopiques*, Casterman, 1978)
p. 17-18 : Dessins de Rimbaud
La plupart de ces illustrations sont extraites de l'Album Rimbaud, iconographie réunie et commentée par Henri Mataraeso et Pierre Petitfils, Bibliothèque de la Pléiade, 1967

Achevé d'imprimer
le 28 septembre 1993
sur les presses de
l'Imprimerie Hérissey
à Évreux (Eure)

Loi nº 49-956 du 16 juillet 1949
sur les publications destinées
à la jeunesse
Dépôt légal : octobre 1993
Nº d'imprimeur : 62943
ISBN 2-07-056818-4

Imprimé en France

56802